Widmung

Ich widme dieses Buch all jenen, die meine Workshops und Schulungen besucht haben, und auch jenen, die sich mutig selbst auf den Weg machen möchten, mehr Lebensfreude in ihr Leben hineinzulassen. Das Herz zu öffnen für die wunderbaren Dinge des Lebens. Ich danke all den Menschen, die mir in den vergangenen Jahren durch ihre Themen unendlich viel Vertrauen entgegengebracht und mich ermutigt haben, dieses Buch zu schreiben. Für meine Lehrerin Walburga Spielberger, die mich auf meinem Weg begleitet und unterstützt hat, damit ich heute das, was ich „mein Potenzial" nenne, mit Freude weitergeben kann. Es ist wundervoll, wenn das Leben wieder ins Fließen kommen kann.

Regina Moritzen ist Heilpraktikerin für Psychotherapie (HPG), EMDR-Therapeutin, Hypnosetherapeutin, Reikimeisterin und Reikilehrerin, Coach und Dozentin mit eigener Praxis in Dreieich.

Mit Freude und Begeisterung unterstützt sie Menschen, Teams und Unternehmen in schwierigen und herausfordernden Situationen. Die Schwerpunkte ihrer Arbeit liegen in der beruflichen Orientierung, der persönlichen Weiterentwicklung, dem Umgang mit Burnout, Stress, Ängsten, Zwängen und Schlafstörungen.

Vor ihrer beruflichen Neuorientierung hat sie 17 Jahre als Wertpapierberaterin in Großbanken gearbeitet.

www.energie-now.de

Regina Moritzen

Ich bin auf dem Weg zum Glücklichsein

Selbstcoaching zur inneren Stärke

© 2016 tao.de in J. Kamphausen Mediengruppe GmbH, Bielefeld

Autor: Regina Moritzen

Printed in Germany

Verlag: J. Kamphausen Mediengruppe GmbH, Bielefeld · www.tao.de

Bibliographische Information der Deutschen Nationalbibliothek: Die Deutsche Nationalbibliothek verzeichnet diese Publikation in der Deutschen Nationalbibliographie; detaillierte bibliographische Daten sind im Internet über http://dnb.de abrufbar.

ISBN
Paperback: 978-3-96051-138-0
E-Book: 978-3-96051-140-3

Das Werk, einschließlich seiner Teile, ist urheberrechtlich geschützt. Jede Verwertung ist ohne Zustimmung des Verlages und des Autors unzulässig. Dies gilt insbesondere für die elektronische oder sonstige Vervielfältigung, Übersetzung, Verbreitung und öffentliche Zugänglichmachung.

Inhalt:

Teil 1

Einleitung	7
Vorwort	8
1. Die Ausgangssituation klären	10
Übung: Bewusstes Atmen	12
2. Zieldefinition	16
3. Veränderung bringt Entwicklung	17
Übung: Eigene Werte definieren	18

Teil 2: Die 10 Schlüssel zum Ziel

1. Schlüssel: Den Kern finden	20
Eine neue neuronale Vernetzung	22
2. Schlüssel: Wer bin ich?	26
Übung: Sich selbst kennenlernen	27
3. Schlüssel: Wie ticke ich?	32
Übung: Die eigene Welt der Gefühle und Emotionen	34
4. Schlüssel: Wohlfühl-Schlüssel	36
Meditation: Auf das Herz hören	42
5. Schlüssel: Langsamkeit, sich viel Zeit nehmen	44
Entschleunigung – Achtsamkeit	47
6. Schlüssel: Wahrnehmungsschlüssel	65
Übung: Was ist mir heute gut gelungen?	67

Steigerung des Selbstwertgefühls und der Handlungsfähigkeit	72
Was macht einen Menschen aus?	73

7. Schlüssel: Mit Energie und Lebenskraft zur Befreiung ... 78

a) Was ist Energie? Und wofür setze ich sie ein? ... 78

Meine Ressourcenliste ... 82

Energie folgt der Aufmerksamkeit ... 86

b) Resilienz ... 89

Meditation: Negative Energie abgeben ... 97

8. Schlüssel: Verantwortung übernehmen ... 100

Selbstwert und Selbstsicherheit ... 107

9. Schlüssel: Loslassen ... 115

Stolpersteine ... 116

    Zeitmanagement ... 116

    Sorgen und Ängste loslassen ... 119

    Gewohnheiten verändern ... 124

    Tiefsitzende Gedankenmuster und Glaubenssätze ... 128

    Kränkungen und Verletzungen loslassen ... 134

    Trauer loslassen ... 138

10. Schlüssel: Glück, Zufriedenheit und Dankbarkeit ... 141

Glück und innerer Frieden ... 150

Nachwort ... 160

Quellenverzeichnis ... 163

Teil 1

Einleitung

Ich bin ... auf dem Weg zum Glücklichsein!

Bücher mit gebündeltem Wissen gibt es bereits genügend. Deshalb habe ich mit diesem kreativen Workbook ein Werk entstehen lassen, das Sie selbst mitgestalten können, auf dem Weg zu Ihren Zielen und auf dem Weg zu Ihnen selbst.

Das Buch ist für Sie eine Begleitung, um Ihr Potenzial zu entfalten und in Ihre eigene Kraft kommen zu können. Es ist Ihr Buch, Ihr Leben, und Ihre Freude, die alles mitgestalten wird. Wir lernen nicht nur, indem wir ein Buch lesen, wir müssen es auch begreifen und erfahren. Und es ist individuell, genau wie wir Menschen unterschiedliche Vorstellungen und Wünsche und Anforderungen an das Leben haben.

Erfolg beginnt im Kopf. Die Umsetzung beginnt durch Begeisterung.

Für Sie ist es wichtig, dass Sie Lust haben mitzumachen. Es lohnt sich. Jedes Kapitel enthält mindestens eine Übung und positive Glaubenssätze (Affirmationen), die Sie inspirieren und ermutigen, um Ihrem eigenen Weg zu folgen und auf die Stimme Ihres Herzens zu hören. Ein Weg für mehr innere Ausgeglichenheit und Stabilität. Denn Kraft und Ruhe bringen Klarheit. All dies lässt sich trainieren.

Ich freue mich, dass Sie mitmachen.

:-)

Vorwort

Ich bin keine Heilerin, doch glaube ich an die Selbstheilungskräfte, die in jedem von uns liegen. Es ist ein wunderbares Potenzial, das sich häufig nicht so leicht zeigt. Es möchte erarbeitet und freigeschaufelt werden, damit wir an unsere positive Grundenergie kommen und an Gesundheit und Wohlbefinden. Ich unterstütze Menschen dabei. Dieses Buch kann wunderbar als Begleitung zu ärztlichen Maßnahmen und zur Unterstützung von Therapien dienen, dennoch ersetzt es keine Therapie. Es geht darum, Verantwortung für das zu übernehmen, was gerade ist. Was das Leben Ihnen zugespielt hat. Dies zu entdecken und mit Weisheit, Ruhe und Achtsamkeit zur Stärke zu kommen, damit Blockaden und Hindernisse aus dem Weg geräumt werden können, ist Ziel des Buches und auch unseres Lebens, denn es geht uns allen so. Jeder hat seine Aufgaben, seine Herausforderungen, mit denen er/sie versuchen soll, zurechtzukommen.

Selbstliebe ist ein ganz großes Thema dabei, das uns helfen kann, an unsere innere Stärke heranzukommen. Innere Stärke wird auch Resilienz genannt. Es bedeutet, wenn Menschen die Fähigkeit besitzen, trotz widriger Umstände, eine gewisse Standfestigkeit und Stabilität zu halten. All das ist trainierbar. Was dann nicht bedeutet, dass wir keine Probleme und Herausforderungen mehr haben. Vielmehr gehen resiliente Menschen gestärkt aus solchen Situationen heraus.

Ich habe mich intensiv mit der Frage nach dem Sinn des Lebens beschäftigt. Ich habe unzählige Bücher gelesen und Seminare besucht zu verschiedensten Themen, um zu verstehen, wie und warum das Leben funktioniert. Warum geht es einigen Leuten immer gut und andere haben immer Pech? Sie verlieren ihre Jobs, oder ihre Partner, sind in den neuen Jobs auch nicht zufrieden, warum ist das so? Ziehen die einen nur die guten Dinge an und die anderen immer nur die schlechten? Viele Bücher waren sehr hilfreich, der Verstand war begeistert und ich habe viel begriffen.

Doch es blieben Fragen offen.

> Wie funktioniert das wirklich?
> Wie geht verzeihen wirklich?
> Wie geht loslassen?

Was ist Leichtigkeit wirklich? Nicht nur vom Verstand, denn der hatte es längst begriffen, sondern auch auf der Gefühlsebene. Irgendwann hatte ich die Antworten.

Deshalb habe ich beschlossen, ein hilfreiches Buch zu schreiben, das wirklich weiterhelfen kann, dieses Potenzial auch erfahrbar zu machen. Es beleuchtet aus verschiedenen Richtungen und hat unterschiedliche Arbeitsansätze, somit auch Lösungsansätze. Ein Trainingsbuch voller Impulse und Inspirationen, um mehr Energie und Lebensfreude, Leichtigkeit und Freiheit in Ihr Leben lassen zu können.

Es ist sinnvoll, das Buch schriftlich zu bearbeiten, da es dann verbindlicher wird für Sie selbst. Und es schafft Erleichterung, das ein oder andere auf das Papier „abzugeben". Es schafft auch Klarheit. Nach ein paar Wochen oder Monaten ist es ein schönes Nachschlagewerk, um zu sehen, wie weit Sie schon gekommen sind. Sie sehen Ihre Verbesserungen.

Zur Reihenfolge

Schon zu Beginn des Buches gibt es schnelle Helfer, Übungen (grau hinterlegt), die Sie sofort in einen besseren Zustand bringen können.

Die Meditationsvorschläge am Ende der Schlüssel sind grün hinterlegt.

Nachdem die momentane Ausgangssituation und die Themen, die Sie verbessern möchten, geklärt sind, finden Sie zehn Schlüssel, die eine Möglichkeit bieten, wieder in die eigene Kraft zu kommen, und die Bewusstwerdung unseres Denkens und Handelns anregen. Es gibt zu jedem Schlüssel und Themenbereich eine Erklärung, auch ein Block für Hintergrundwissen, den Sie lesen können, wenn Sie sich tief greifender informieren möchten. Ansonsten überspringen Sie diesen Block „Hintergrundwissen" und lesen danach weiter. Wenn Sie bereit sind, geht es sofort los.

1. Die Ausgangssituation klären

Wir fangen beim ersten Schritt an. Heute, hier und jetzt! Sind Sie bereit? Der erste Schritt zu einem Prozess, in dem sich etwas zum Besseren wenden soll, ist die Tatsache, sich klarzumachen, WIE die Situation denn ist.

Datum des heutigen Tages:

Wie gesund oder krank bin ich? Oder mein Unternehmen?

Wie sind die Gefühle dazu? Die Stimmung?

Wie bin ich denn „drauf"?

Schreiben Sie es einfach auf. Oder malen Sie es. Wie Ihnen gerade zumute ist. Das hält das Buch nicht aus? Sicher! Denn dazu ist es da.

Da dürfen Sie auch mal Wut und Zorn herauslassen. Denn nur, wenn Sie das zulassen, wird Ihnen bewusst, wie genau der Zustand ist.

Sie wissen nicht, was Sie aufschreiben sollen? Leere ist auch ein Zustand. Eben genau darum geht es. In der Stille das zuzulassen, was wir so oft erfolgreich verdrängen.

Bewusstes Atmen

Oft sitzen wir nach vorn gebeugt da, Hände auf dem Schreibtisch oder der Tastatur, damit ist der Brustkorb „zu". Die Schultern fallen nach vorn. Wenn wir befreiter und besser atmen wollen, dann sollten wir das bewusst in die Wege leiten.

Atmen ist ein kraftvolles Werkzeug. Es wirkt auf das gesamte körpereigene Entspannungssystem. Wenn Sie ruhig atmen, dann signalisiert das dem Körper, dass alles in Ordnung ist, Sicherheit für das System Körper.

Ängstlichkeit könnte sich durch eine flache Atmung zum Ausdruck bringen, was dem Körper signalisiert: Vorsicht Gefahrensituation. Das Nervensystem ist angespannt. Viele Menschen sind permanent unter solch einer Anspannung. Sie haben sich eine flache Atmung bereits angewöhnt und Anspannungen im Körper sind unweigerlich die Folge. Dann ist der erste Schritt, wieder in eine gesunde Atmung zu kommen und dem Körper bewusst Entspannung zu gönnen.

Machen Sie diese Übung nur so lange, wie Sie das stressfrei aushalten. Zu Beginn mögen es nur ein paar Minuten sein. Im Laufe der Zeit werden Sie sich länger darauf konzentrieren können. Das werden Ihre ersten Erfolge sein.

Die wesentliche Voraussetzung, dass sich etwas ändert, ist der Wille dazu.

Diese Atemübung kommt aus dem Bereich des Achtsamkeitstrainings, auf das ich später noch genauer eingehen werde. Bewusstes Atmen ist ein sehr kraftvolles Werkzeug, das ich sehr gerne in meiner Praxis bei Depression, Burnout, Stress- und Angstzuständen anwende.

Im weiteren Verlauf werde ich Ihnen noch verschiedene Atemtechniken vorstellen, die Ihre Energie und Kräfte wieder anregen und für ein gutes Selbstbewusstsein, Harmonie und innere Ausgeglichenheit sorgen.

Übung: Bewusstes Atmen

Ich lade Sie ein, sich gerade hinzusetzen oder auch zu stellen und tief einzuatmen. Wenn Sie möchten, schließen Sie die Augen dabei.

Sie atmen ruhig durch die Nase ein und aus, während Sie langsam ruhiger werden.

Richten Sie die Aufmerksamkeit auf den Atem. Er kommt und geht ganz von alleine und ohne Anstrengung. Sie tun nichts anderes, als bewusst wahrzunehmen, wie der Atem kommt und geht.

Durch die Nase ein, und wieder aus. Wenn Sie ausgeatmet haben, geht es ganz von alleine, dass Sie wieder einatmen. Sie verändern nichts. Sie nehmen nur wahr.

Sollten Sie mit Ihren Gedanken abschweifen, so nehmen Sie auch das nur wahr, und kehren mit Ihrer Aufmerksamkeit dann wieder zurück.

Der Atem hebt dabei die Bauchdecke an und senkt sie wieder. Sie nehmen das nur wahr und sind ganz entspannt.

Ihre Schultern werden locker. Sie lassen die Schultern einfach hängen. Jegliche Anspannung darf gehen.

Genießen Sie die aufkommende Ruhe und Entspannung in Ihrem gesamten Körper.

Ihr Kopf ist locker und entspannt. Auch die Gesichtsmuskulatur ist entspannt. Der Kiefer ist locker und entspannt. Sie lassen alles los.

Während Sie langsam ein- und ausatmen.

Machen Sie das so lange, wie Sie Lust dazu haben.

Genießen Sie diese Ruhe und das Atmen.

Ein Wort zur Bauchatmung: Eine tiefe Atmung in den Bauch eröffnet dem Körper wichtige Dimensionen. Der Vagusnerv (Nervus vagus) wird bei einer Atmung in den tiefen Bauch und das Zwerchfell aktiviert bzw. stimuliert.

> **Hintergrundwissen**
>
> Der Vagusnerv ist der zehnte Hirnnerv, der vom Gehirn aus durch Öffnungen im Schädelknochen direkt in den Körper bis zum Bauchraum zieht. Er ist der größte Nerv des Parasympathikus, einer Komponente des vegetativen Nervensystems. Der Vagusnerv wirkt regulierend und beruhigend auf die Herztätigkeit, die Atmung und fördert die Verdauung. Er ist an der Regulation der Tätigkeit der inneren Organe beteiligt und zuständig für die Regulation der Muskelfunktion von Kehlkopf, Rachen und Speiseröhre, er übermittelt Geschmacksempfindungen vom Zungengrund und Berührungsempfindungen des Kehlkopfes, Rachens und äußeren Gehörganges. Zusammen mit dem Sympathikus (überwiegend Tagaktivität) bildet der Vagusnerv, der überwiegend nachtaktiv ist, das vegetative Nervensystem.
> Quelle: Wikipedia

Es ist möglich, dass Sie erst mit der Zeit die eigentliche Bauchatmung hinbekommen. Auch hier gilt: Seien Sie gnädig mit sich. Was sich eine lange Zeit eingeschlichen hat, kann nicht von heute auf morgen wieder wegradiert werden. Es wird jeden Tag besser werden und eine Erholung wird sich einstellen. Sie dürfen es zulassen.

Alternative

Falls es Ihnen gar nicht gelingt, können Sie auch auf einem Stuhl sitzend die Hände hinter dem Kopf verschränken, sich gerade nach hinten in die Rückenlehne strecken und tief atmen. Durch diese gerade Haltung des Körpers ist eine gute Sauerstoffversorgung und Entspannung möglich, auch an Ihrem Arbeitsplatz.

Meine Vorschläge

- Tägliches Anwenden dieser Übung, bewusstes Atmen in den tiefen Bauchraum.
- Morgens vor dem Aufstehen oder abends im Bett.
- Versuchen Sie, diese Übung immer ein wenig länger zu machen. So lange, wie es für Sie angenehm ist.
- Gerade in angespannten Situationen ist es eine sehr gute Möglichkeit, eine Minute bewusst zu atmen.
- Schaffen Sie sich kleine Denkanker: „Post-it" oder eine Figur auf dem Schreibtisch, ein Schlüsselanhänger, was auch immer Sie möchten. Es soll Sie daran erinnern: Zeit für mich, Zeit zum bewussten Atmen.
- Der Bus ist weggefahren, die Ampel rot, die Waschmaschine läuft noch zwei Minuten ... Nutzen Sie diese Momente für sich. Sie werden feststellen, dass dies noch sehr schöne andere Nebeneffekte haben wird, zum Beispiel: gelassener zu werden.

Bewusst zu atmen bedeutet, zu Hause bei sich selbst anzukommen. Unser Körper ist unser Tempel, unser Palast, machen Sie das Fenster auf, lassen Sie frische Luft herein und genießen Sie die Lebendigkeit des Seins.

Ihr positiver Glaubenssatz, Ihre Affirmation

Ich erlaube mir ein Leben voller Freude und Zuversicht!

Affirmationen

Affirmationen sind gut gemeinte, wohlwollende, positive Sätze, die unsere Gedanken positiv beeinflussen sollen. Denn aus Gedanken werden Worte und aus Worten werden Handlungen und Überzeugungen. Und all das spiegelt sich dann in unserem Umfeld.

Affirmationen sind Bestätigungen von Ereignissen, die noch nicht eingetreten sind. Wenn ich beispielsweise eine Prüfung vor mir habe, könnte eine gute Affirmation sein: In der Prüfung bin ich ruhig, gelassen und konzentriert. Auch wenn ich jetzt total aufgeregt bin, kann ich so meinen Geist beruhigen. Jetzt schon und als Vorbereitung für die Prüfung.

Affirmationen sind immer positiv. Sie wirken bejahend auf das, was kommt. Wir können damit sogar aus lästigen Gedankenkarussellen aussteigen. Denn wir nehmen das, was passiert, positiv mit der Affirmation vorweg und konzentrieren uns auf diesen Satz.

Wir erschaffen damit eine Wirklichkeit, die es ermöglicht, freudiger und positiver an die Dinge herangehen zu können. Das bedeutet nicht, dass ab jetzt alles nur noch positiv verläuft, sondern das, was wir erleben werden, können wir besser und kraftvoller be- und verarbeiten.

Wichtig dabei ist: Ich sollte auch an die Affirmationen glauben. Der Gedanke: Ach, das wird ja doch nichts, wird die Affirmation in ihrer Wirksamkeit blockieren. Wenn wir zum Arzt gehen, sind wir auch der Meinung, dass er uns helfen wird.

Ein Bekannter von mir sagte einmal: „Diese ganzen Psychologen können mir eh nicht helfen." Das war sein Glaubenssatz. Natürlich konnte ihm keiner helfen. Und genauso ist das mit den Affirmationen. Glaube ich daran, dass es mir von Tag zu Tag besser gehen kann und wird? Wenn ja, bin ich auf einem guten Weg.

Ein Samenkorn, das Sie in einer guten Erde einpflanzen, werden Sie jeden Tag gießen und pflegen. Dann hat es die Möglichkeit, zu einer Pflanze heranwachsen zu können. Sehen Sie die Affirmationen als Samenkörner in Ihrem Bewusstsein, die Sie unterstützen und kräftiger werden lassen. Durch die tägliche Wiederholung wird das Nervenkostüm kräftiger und widerstandsfähiger gegenüber negativen und schlechten Gedanken und Gefühlen, z. B. Ärger, Wut, Zorn und Angst.

Weitere Informationen dazu kommen später, im Kapitel „Bewusstsein".

Schreiben Sie Ihren positiven Glaubenssatz, Ihre Affirmation, auf einen Zettel oder einen „Post-it" und hängen ihn sichtbar für sich auf, zum Beispiel in der Küche am Schrank, auch gerne innen, auf jeden Fall dort, wo Sie mehrmals am Tage daran erinnert werden. Schon der Impuls, das Lesen dieses Satzes, wird Sie weiterbringen.

2. Zieldefinition

Wo will ich denn eigentlich hin?
Was will ich?
Was will ich wirklich!? Das ist die Frage.

In einem meiner Kurse sagte eine Teilnehmerin sehr entrüstet: „Glücklich sein ist doch kein Ziel! Das will doch jeder! Das ist doch logisch!" Sicherlich hatte sie Recht, es kam eine spannende Diskussion auf. Denn was ist mit Menschen, die krank sind? Sie möchten als primäres Ziel gesund werden. Oder jemand, der arm ist: Möchte er vielleicht sich oder seinem Kind wenigstens einmal einen kleinen Herzenswunsch erfüllen? Jemand, der unglücklich verliebt ist, was wird er/sie sich wohl wünschen?

Oft fällt uns nur ein, was wir **nicht** wollen. Die Antwort sollte somit nicht sein: Ich will, dass das aufhört.

Was ist Ihr Ziel?

Schon jetzt wird klar, dass es gar nicht so einfach ist. Wenn Ihnen jetzt spontan nichts einfällt, dann setzen Sie sich nicht unter Druck. Macht nichts. Vielleicht kommt Ihnen morgen eine Idee. Oder ein Impuls, worauf Sie Lust haben.

Wenn Sie ein Ziel gefunden haben, nutzen Sie die Kraft der Imagination. Stellen Sie sich ein Bild oder einen Film vor, in dem Sie Ihr Ziel schon erreicht haben.

Spüren Sie nun in Ihr Ziel hinein. Wie sehen Sie sich, wenn Sie Ihr Ziel erreicht haben? Sind Sie erfolgreich, gesund, …?

Der Wille, die Sehnsucht und die Begeisterung sind Ihre Antreiber, die Sie zu Ihrem Ziel bringen. Denken Sie jetzt nur noch an Ihr Ziel!! Ja, da will ich hin!!

Ein Sportler beispielsweise, der sich auf einen Marathon vorbereitet, stellt sich x-mal vor, wie er ins Ziel einläuft. Er begeistert sich damit und es sind seine inneren Antreiber, die er damit aktiviert. Tennisspieler stellen sich vor, wie sie den Turniersieg erreicht haben.

3. Veränderung bringt Entwicklung

Ohne Veränderung ist keine Entwicklung möglich, kein Fortschritt und kein Leben.

Die innere Wertigkeit

In zwischenmenschlichen Beziehungen und auch im gesellschaftlichen Miteinander wird es immer Verhaltensweisen geben, die uns stören oder die uns als besonders wertvoll auffallen.

Um sich selbst besser einschätzen zu können und um dauerhaft erfolgreich Ziele zu erreichen, ist es wichtig, dass Ihre Ziele Ihren persönlichen Wertvorstellungen entsprechen. Darüber hinaus werden Sie nur Freude und Erfüllung verspüren, wenn Sie Ihren Werten entsprechend handeln und denken. Es bringt Ihnen Ausgeglichenheit, Entscheidungsfreude und Erfolg.

Um dort hinzukommen, machen Sie sich bitte folgende Gedanken:
Welche Werte sind für Sie persönlich sehr wichtig?

Helfende Fragen:
- Was stärkt mich in meinem Lebensbereich?
- Was ist mir wichtig?
- Woraus erreiche ich Selbstvertrauen?
- Wann fühle ich Respekt für mich, Stolz und Achtung?

Ein Beispiel: Wenn Sie sich gerne Menschen wünschen, denen Sie vertrauen können, dann werden Ehrlichkeit, Treue, Geborgenheit und Zuverlässigkeit wichtige Werte sein. Oder wenn Sie gerne mit Menschen lachen, dann sind die Werte Freude und Heiterkeit wichtig. Wenn Ihnen wichtig ist, dass Sie etwas bewegen möchten, spielt Aktivität, Kreativität und Sinn eine große Rolle.

Übung: Eigene Werte definieren
Welche Werte sind für Sie wichtig?

Lassen Sie Ihr inneres Licht leuchten! Spüren Sie Ihre eigene Kraft in Ihrem Inneren.

Das könnte ein schönes Ziel sein. Wenn wir aufhören, im „Außen" nach Dingen zu suchen, die uns glücklich machen, dann sind wir auf dem Weg in unsere innere Welt zu schauen. In unserem Inneren ist das, was wir Stärke nennen. Dort, wo unsere Ressourcen unsere Kraftquellen sind. Und die hat jeder von uns. In uns selbst liegt die Möglichkeit, inneren Frieden zu finden, Ruhe und Ausgeglichenheit.

Wir müssen unser inneres Licht nur anmachen!!

Wenn ich mich auf meine innere Stärke verlassen kann, und mich selbst lieben kann, dann spüre ich inneren Frieden. Ich bin authentisch, weil mich nichts so schnell aus der Bahn werfen kann. Ich bin zufrieden und kann die Dinge nehmen, wie sie sind.

Doch wie geht das? Die Brücke dorthin heißt **Selbstliebe**. Es gibt wohl kaum etwas Wichtigeres, als sich selbst zu lieben. Wenn Sie sich selbst lieben, verletzen Sie niemanden anderen. Und sich selbst auch nicht. Wenn Sie sich selbst lieben, können andere Sie auch lieben. Wenn Sie sich selbst nicht lieben, wie sollen andere Sie dann lieben können? Louise Hay schreibt in ihrem Buch „Wahre Kraft kommt von Innen": „Wenn Sie sich ständig sagen, dass Sie dumm und wertlos sind, wird sich nichts ändern. Sie müssen sich selbst liebevoll unterstützen, wenn Sie Veränderungen erreichen möchten." Bei vielen Menschen ist hier die Ursache vieler Probleme. Es ist egal, an welchem Punkt Sie dabei im Leben stehen. Veränderung geht immer. Machen Sie sich für Vergangenes keine Vorwürfe, oder beschimpfen Sie sich nicht, weil Sie es vermasselt haben. Das bringt nichts. Wichtig ist der Blick in die Zukunft. Und der Ausgangspunkt ist im Hier und Jetzt.

Jetzt geht es zur Umsetzung!

Teil 2: Die 10 Schlüssel zum Ziel

1. Schlüssel: Den Kern finden

Ziel ist, den Anfang zu finden. Dort, wo Sie am besten beginnen können.

Wir starten mit einer kleinen Übung

Sie können diese Übung im Sitzen, Stehen, Liegen machen, gerade dort, wo Sie das Buch lesen.

Schließen Sie bitte die Augen und entspannen Sie für einen kurzen Augenblick. Sie atmen ruhig und gleichmäßig ein und wieder aus.

Achten Sie darauf, dass Sie die Schultern hängen lassen, und versuchen Sie, alle anderen Anspannungen loszulassen. Schultern, Arme, Beine, alles ist ruhig und entspannt.

Vor Ihrem geistigen Auge erscheinen die wichtigsten Personen in Ihrem Leben.

Welche sind das?

Schreiben Sie die Personen auf.

Waren Sie selbst auch dabei?

Fazit und der 1. Schlüssel zum Ziel: Es geht um mich allein!

Sie sollten für sich selbst sorgen. Denn wenn Sie den Kopf unter dem Arm tragen, können Sie nicht mehr helfen, nicht mehr arbeiten, nicht mehr für andere da sein.

Deshalb ist es wichtig, dass Sie auf sich achten. Beispiel: Bei einem Notfall in einem Flugzeug wird immer darauf hingewiesen, dass Sie zuerst sich selbst die Sauerstoffmaske aufsetzen und dann den Kindern helfen.

Ist das egoistisch, zuerst an sich selbst zu denken? Nein, ganz im Gegenteil. Sie sind dann frischer, fröhlicher, gesünder und das bereichert auch Ihr Umfeld. Ihre Familie, Kollegen und Freunde haben Freude an Ihnen und geben es Ihnen wieder zurück. (Das besagt das Resonanzgesetz: Wie man in den Wald hineinruft, so kommt es wieder heraus.)

Sie tun nichts, was den anderen schadet. Sie sorgen für sich selbst. Das ist der Unterschied zum Egoismus. Sie handeln aus Selbstliebe. Liebe ist die größte Kraft, sie kann alles heilen. Dazu gehört auch die Selbstliebe, mit der Sie sich heilen können.

Ihre positiven Glaubenssätze, Ihre Affirmationen

Ich darf an mich denken, ich denke an mein Wohl.

Ich darf mir Pausen gönnen!

Ich darf mir etwas Gutes tun!

Ich schenke mir heute Aufmerksamkeit.

Um diese Glaubenssätze ins Unterbewusstsein zu transportieren, können Sie sich diese Sätze auf Post-it-Aufkleber schreiben und hängen Sie diese gut sichtbar an die Schranktüren (auch innen, wenn sie diese täglich öffnen) oder den Spiegel und lesen Sie die Sätze bewusst mehrmals am Tag durch. Zum Beispiel immer beim Zähneputzen.

Eine neue neuronale Vernetzung

Circa 21 Tage dauert der Prozess, bei dem sich die Synapsen des Gehirns neu verbinden. Das ist das Zeitfenster, nach dem unser mentales Denkmuster, unsere neuronale Verknüpfung einen neuen Gedanken integriert und aufgenommen hat.

Wenn Sie Vokabeln neu lernen, werden sie auch nicht beim ersten Mal alle im Gedächtnis aufgenommen. Das heißt: Wenn wir lernen, muss der Stoff wiederholt werden, damit er vom Ultra-Kurzzeitgedächtnis in das Kurzzeitgedächtnis und danach in das Langzeitgedächtnis aufgenommen werden kann. Nur so ist eine Veränderung der typisch ablaufenden Gedanken möglich. Ansonsten verfällt man wieder in die alten Denkmuster und Handlungen und macht alles wieder wie vorher weiter.

Wenn uns die alten Gewohnheiten und Denkmuster nicht guttun, beispielsweise weil wir uns dann gestresst fühlen oder unter Druck gesetzt, dann wird der Körper kleine Warnsignale geben. Das können Kopfschmerzen sein, weil man möglicherweise zu lange gearbeitet hat, oder die Augen tränen, weil wir zu lange in den PC geschaut haben. Wir können darauf hören und eine notwendig gewordene Pause einlegen. Wir können dieses Signal auch für einige Zeit übergehen.

> *Die kleine Seele sagt zu ihrem Körper: „Was soll ich nur machen? Mein Mensch hört mir nicht mehr zu!" „Warte nur, kleine Seele. Wenn ich krank geworden bin, wird er dir wieder zuhören."*

In einem gesunden Körper steckt ein gesunder Geist. Hier wird dieses Zusammenspiel deutlich. Nur wenn ich auf meine körperlichen Grenzen achte, werde ich meinem gesundheitlichen Zustand keinen Schaden zufügen. Vielleicht können Sie es einrichten, täglich eine halbe Stunde in der Natur spazieren zu gehen. Der Grund: Die Natur, die Luft und die Bewegung regen den Kreislauf an, bringen Stimulation in alle Körperzellen. Das Gehirn bekommt Sauerstoff und die Durchblutung wird verbessert. Darüber hinaus stimulieren wir das Gehirn durch das Gehen (linkes Bein, rechtes Bein) bilateral, d. h. die Verarbeitungsprozesse im Gehirn werden dadurch angeregt.

Aus der Hirnforschung ist Folgendes bekannt:

Die bilaterale Augen- bzw. Körperstimulation (hier ist unter anderem auch das Gehen oder Laufen gemeint) dient zur beschleunigten Verarbeitung von Angstsymptomen und hohem Stress nach seelischer Überforderung (z. B. Trennung, Trauer, Krankheit, Unfall, Trauma). Ebenso bei hohem Erwartungsdruck, z. B. einem sportlichen Misserfolg oder einer missglückten Prüfung.

> **Hintergrundwissen**
>
> Diese Erkenntnis wird in der Therapie und im Coaching eingesetzt: Die Wirksamkeit dieser EMDR-Behandlung (Eye Movement Desensitization and Reprocessing) bei posttraumatischen Belastungsstörungen ist international anerkannt und durch eine Vielzahl wissenschaftlicher Studien belegt. In einer EMDR-Therapie werden durch die gezielte Bewegung der Augen nachhaltig Prozesse im neuronalen Netzwerk wieder aktiviert und neue Verbindungen geschaffen.
>
> Damit stellt sich eine Verbesserung der Verarbeitungsstruktur ein und das Problem verliert seine Intensität. Das Gehirn wird hier bilateral stimuliert: Neocortex (Sitz von Vernunft, Verstand und Sprache) und limbisches System (Sitz der Emotionen) werden synchronisiert, wodurch das Auf- und Verarbeiten von Verdrängtem erst möglich wird. Der Verarbeitungsprozess im Gehirn wird beschleunigt, die belastenden Bilder verschwinden und die Macht über die Psyche lässt nach. Ängste und quälende Erinnerungen können so bewusst bewältigt werden.
>
> Ein neuer positiver Glaubenssatz wird stattdessen im Gedächtnis verankert, der Ziele (Erfolg, Freude, Freiheit, Harmonie o. Ä.) zum Ausdruck bringt.

Was Sie selbst tun können

Sie können selbst durch das Gehen diese Prozesse in Gang bringen. Eine Kursteilnehmerin berichtete in einem meiner Seminare: „Jetzt weiß ich, warum es mir immer hilft, wenn ich durch den Wald laufe! Wenn es mir nicht gut geht und mein Kopf zu voll ist, gehe ich gerne zum Entspannen in den Wald. Dann komme ich oft zurück und habe für mein Problem eine Lösung im Kopf."

Eine meditative Entspannung kann Ihnen Hilfe geben.

„Der beste Moment zu üben ist immer ... jetzt."
(Thich Nhat Hanh)

Atem-Meditation: Zu mir kommen, bei mir sein

Setzen Sie sich an einen ruhigen Ort, der Ihnen Entspannung geben kann. Achten Sie darauf, dass kein Telefon, keine Klingel oder Ähnliches in den nächsten 20 Minuten stört. Wenn Sie Lust dazu haben, können Sie eine ruhige Meditationsmusik dazu abspielen.

Beginnen Sie nun:

Setzen Sie sich aufrecht, mit den Füßen auf dem Boden. Die Hände liegen mit den Handflächen nach oben auf den Oberschenkeln.

Sie atmen ruhig durch die Nase ein und aus, während Sie langsam die Augen schließen und ruhiger werden.

Richten Sie die Aufmerksamkeit auf den Atem. Er kommt und geht ganz von alleine und ohne Anstrengung. Er hebt dabei die Bauchdecke an und senkt sie wieder. Sie nehmen das nur wahr und sind ganz entspannt.

Ihre Schultern werden locker. Sie lassen die Schultern einfach hängen. Jegliche Anspannung darf gehen.

Nehmen Sie jetzt bewusst wahr, welche Körperregionen Kontakt zu Ihrer Sitz- oder Liegefläche haben. Spüren Sie diesen Kontakt, das kann Gesäß oder Rücken sein, die Füße, sofern Sie sitzen, oder auch die Beinrückenseiten, falls Sie diese Übung im Liegen machen. Jetzt nehmen Sie bewusst einen Atemzug und schicken ihn in die Region Kopf. Sie können sich vorstellen, dass Sie dabei den Kopf mit frischer Energie versorgen. Nehmen Sie wahr, was ist, ohne zu bewerten.

Ihr Kopf ist locker und entspannt. Auch die Gesichtsmuskulatur ist entspannt. Der Kiefer ist locker, Sie lassen alles los, während Sie langsam ein- und ausatmen.

Dann gehen Sie mit dem bewussten Atmen in den Hals und weiter in die Nacken- und Schulterregion. Dann weiter in den rechten Arm und danach in den linken Arm. Nehmen Sie sich Zeit.

Wenn Ihnen Gedanken in den Kopf kommen, dann verabschieden Sie sie wieder. Alles darf kommen und gehen. Später ist dafür wieder Zeit.

Jetzt sind Sie dran. Alles ist ruhig und entspannt. Gehen Sie jetzt bewusst alle Körperregionen durch, indem Sie überall Ihren Atem hinschicken, so, als wäre der Atemzug ein Besucher, der Ihren Körper kennenlernen möchte. Gehen Sie dann mit dem bewussten Atmen in die Brust, das Herz und den gesamten Oberkörper. Danach in den Bauch, in das Gesäß, und in das linke Bein, den linken Fuß und danach in das rechte Bein und den rechten Fuß. Nehmen Sie die Empfindungen wahr, die Sie verspüren. Nehmen Sie auch die Temperatur wahr, die Sie empfinden.

Lassen Sie sich Zeit. Diese Zeit gehört jetzt ganz Ihnen. Versorgen Sie jede Stelle Ihres Körpers mit Ihrem Atem, mit Ihrer Aufmerksamkeit und mit dem Versuch, bewusst alles loszulassen und zu entspannen.

Wenn Sie bereit sind, wieder zurückzukommen, machen Sie sich den Boden unter den Füßen wieder ganz bewusst. Bewegen Sie die Zehen, Hände, recken Sie sich, und öffnen Sie die Augen wieder. Willkommen im Hier und Jetzt.

In dieser entspannten Haltung können Sie jetzt eine Zeichnung anfertigen. Malen Sie Ihren Körper auf, und zeichnen Sie ein, wo genau Sie den Atem spüren konnten. Durch die Nase ein, und im weiteren Verlauf, bis wohin Sie bewusst verfolgen konnten, wo der Atem zu spüren war.

Sie können Regionen einzeichnen, in denen Sie besondere Empfindungen hatten. Warm, kalt, ein Kribbeln, Stechen, Jucken oder auch andere Körpersensationen. Nehmen Sie es nur wahr, ohne es zu bewerten.

Es bringt Sie wieder in Kontakt zu Ihrem Körper, zu Ihren Bedürfnissen und zu Ihnen selbst.

2. Schlüssel: Wer bin ich?

Ziel ist, sich selbst kennenzulernen. Sich einzuschätzen, was Sie selbst mögen oder nicht mögen. Schenken Sie sich heute Aufmerksamkeit!

Schreiben Sie über den Tag auf, wie Sie sich in der einen oder anderen Situation gefühlt haben.

Oft denken wir, uns gut zu kennen, aber ist das wirklich so? Wissen wir wirklich immer genau, was wir wollen und stehen wir auch dazu? Das ist eine schwierige Frage.

Die Folgende dann auch gleich: Was raubt Energie oder spendet uns Energie? Denn wenn Sie dies wissen, haben Sie selbst die Möglichkeit, für sich zu entscheiden, ob Sie etwas tun oder lieber lassen wollen.

Überlegen Sie an dieser Stelle auch, ob Sie „ja" sagen, wenn Sie eigentlich „nein" meinen. Viele Patienten, die an Burnout erkrankt sind, sollten das „Neinsagen" üben. Denken Sie an Ihre eigenen Kräfte und haushalten Sie damit. Die kleinsten Dinge sind wichtig, denn die können Sie selbst als erstes steuern und auf einen guten Weg bringen.

Die gute Botschaft: Sie können das selbst ändern, Sie brauchen niemanden anderen dafür, um die ersten Samen der Veränderung zu säen.

Erkenntnis ist der erste Weg zur Veränderung.

Übung: Sich selbst kennenlernen

Situation	Gefühl, das Sie dabei hatten
z. B. Ich war einkaufen	Ich fühlte mich dabei ...
Ich habe eine Tasse Tee getrunken	War lecker und hat gewärmt

Trainieren ist eine Grundvoraussetzung, um sich zu verbessern!

Manchmal ist es schwierig, sich zu seiner sportlichen Trainingseinheit zu überwinden. „Heute **muss** ich noch ins Fitness Studio." (Das Wort „müssen" kann schon erheblichen Druck ausüben). Der innere Schweinehund sagt: „Och nö, heute mal nicht." Wenn Sie ihn überwinden, sind Sie hinterher froh. Glückshormone sind dabei frei geworden, das Ego ist befriedigt, Sie wissen, Sie haben sich und Ihrer Gesundheit etwas Gutes getan.

Körperliches Training ist für viele Menschen eine Selbstverständlichkeit. Der körperliche Zustand ist wichtig. Man pflegt sich, achtet auf die Ernährung, und nimmt Fitnessangebote in Anspruch.

Was aber ist mit unserem geistigen, mentalen Training? Oft haben sich negative Gedanken eingeschlichen, sich als Gedankenmuster vielleicht schon festgesetzt.

Unsere Gedanken bestimmen, wie es uns geht! Unsere Innenwelt können wir ebenso trainieren. Ich nenne es Neuro-Gymnastik.

Schauen und überprüfen Sie, was Sie denken. Stellen Sie es zu Beginn mit der folgenden Übung erst einmal fest.

> *Jeder Tag ist ein neuer Tag. Ein neuer Anfang. Ein unbeschriebenes Blatt, das von Ihnen gefüllt werden möchte!*

Wir können dazulernen und unsere Gedanken dabei in positive Denkmuster lenken. Das ist sicherlich ein wenig Manipulation. Aber Sie können das selbst bestimmen.

Es ist zu Ihrem besten Wohl. Es geht darum, den Menschen in erster Linie zu stärken. Natürlich schauen wir uns danach auch die Dinge an, die schmerzhaft sind, die wir gerne verdrängen würden. Aber es bringt überhaupt nichts, dies mit jemandem zu machen, der sich noch nicht in der Lage dazu fühlt. Den der Schmerz in einen noch tieferen Abgrund hinein reißen würde.

Das ist der springende Punkt für Menschen, die an dieser Stelle sagen: „Positives Denken verdrängt die Realität! Man muss hinschauen und den Schmerz fühlen." Sicherlich ist es wichtig, hinzuschauen. Doch sollte der Mensch erst wieder stabil sein, bevor er sich mit dem, was ihn so schwer belastet, auseinandersetzt. Also Schritt für Schritt. Erst wenn die Kraft wieder spürbar ist, können wir uns mit den kräfteraubenden Dingen auseinandersetzen.

Um wieder an die Kräfte heranzukommen, können Sie die folgende „Bettkantenübung" machen. Ich habe Sie aus den Erkenntnissen des Psychologen Martin Seligman entwickelt. In einer Studie der University of Pennsylvania machte er folgende Beobachtungen: In einer Gruppe von schwer depressiven Patienten wendete er eine Strategie zur Steigerung des Wohlbefindens an. Obwohl viele dieser Menschen sehr krank waren, sollten sie sich jeden Tag auf einer Internetseite einloggen, um dort auf einer bestimmten Seite jeden Tag drei positive Dinge einzutragen, die ihnen passiert waren. Das konnten ganz banale Dinge sein, an die sich diese

Menschen erinnerten (heute schien die Sonne, ich bin im Park spazieren gegangen). Nach bereits zwei Wochen hatte sich der Zustand der zuvor schwer depressiven Patienten verbessert, sie konnten als mittelgradig, bis leicht depressiv eingestuft werden. 94 Prozent der Versuchsteilnehmer fühlte sich besser nach dieser Übung, die sie jeden Tag angewendet hatten.

Bereits ca. zwei Wochen sind somit ausreichend, um erste Verbesserungen zu bemerken. Alleine diese Tatsache kann schon erste Glücksgefühle auslösen. Der Weg zum Ziel kann bereits ein Gewinn sein, wenn wir bemerken, dass es uns ansatzweise besser geht. Es steht jedem von uns zu, glücklich zu sein! Und den Weg dorthin jeden Tag bewusst zu gehen. Natürlich sind die Anstrengungen am Anfang sehr groß, denn wir sollen aus gewohnten Mustern aussteigen. Später wird es Selbstverständlichkeit sein, was zu Beginn noch wie eine Hürde erscheint.

Sie wollen **jetzt** Verbesserung? Dann richten wir zuerst die Kraft und den Fokus auf das Positive!

Die folgende „Bettkantenübung" wird Ihnen neue Hilfestellungen geben.

Bettkantenübung: Ein schneller Helfer für das Nervenkostüm

Sie können die beiden Seiten fotokopieren und über einen Zeitraum von mehreren Wochen machen, das stärkt Ihren Blickwinkel in die positive Richtung.

Wenn Sie morgens aufstehen, überlegen Sie bitte in aller Ruhe: Es ist **Ihr** neuer Tag, der von Ihnen mitgestaltet werden kann. Es ist **Ihre** erste neue Energie, die Sie in den Tag hineinbringen.

Welche **drei Dinge werden Sie heute tun, die Ihnen Freude bereiten?** Konzentrieren Sie sich dabei auf Kleinigkeiten, die Sie selbst steuern können. Schreiben Sie es in unten stehender Tabelle auf.

Morgens

Dinge, auf die ich mich heute freue:	Wie empfinde ich das?	In welcher Region des Körpers spüre ich das?

Wenn Sie abends in Ihr Bett gehen, machen Sie das gleiche noch einmal. Weil Sie positiver denken wollen, schreiben Sie drei Dinge auf, die Ihnen am Tag gefallen haben. Was haben Sie Positives erlebt?

Denken Sie nicht darüber nach, ob Ihre Vorhaben oder guten Vorsätze vom Morgen nicht in Erfüllung gegangen sind. **Es ist, wie es ist**. Sicherlich sind drei schöne Dinge dabei, die Sie erlebt haben und die es wert sind, notiert zu werden. Auch hier zählen wieder die Kleinigkeiten. Beispielsweise eine gute Tasse Kaffee, ein nettes Telefonat ...

Abends

Was habe ich Positives erlebt?	Was habe ich dabei empfunden?	In welcher Region des Körpers spüre ich das?

Wenn Sie beginnen zu trainieren, wird der emotionale Zustand jeden Tag merklich besser.

Ihre positiven Glaubenssätze, Ihre Affirmationen

Es geht mir von Tag zu Tag immer besser!

Ich sehe und empfinde jeden Tag mehr Dinge, die mir Freude bereiten.

3. Schlüssel: Wie ticke ich?

Das klingt im ersten Moment sehr verrückt. Doch tatsächlich ist es so, dass wir oft die Bedürfnisse unserer Partner besser kennen als unsere eigenen. Und es ist wichtig auf Ihrem Weg, dass Sie die Welt Ihrer Emotionen kennenlernen und damit auch Ihre Bedürfnisse, denn diese möchten Beachtung und Wertschätzung finden.

Beispiel: Sie stehen vor der Eisdiele und sollen für Ihre Kinder, Ihren Mann und sich selbst Eis holen. Paula mag am liebsten Zitrone und Erdbeere, Peter mag das Eis mit den Keksen, und Ihr Mann mag Nuss und Krokant. Was mögen Sie?

Nein, es ist nicht egal!

Und noch schwieriger ist es, wenn es um die Gefühle geht. Denn Sie werden ja meistens nicht gefragt, wie Sie sich fühlen, wenn Sie beispielsweise den ganzen Tag gearbeitet haben und abends in der Küche stehen, um der Familie das Abendessen anzurichten.

Es sei denn, Sie fragen sich selbst, denn so kommen Sie wieder mit sich in Verbindung und können es sich ab und an auch einmal wieder „recht" machen.

Wir haben alle Gefühle! Die guten Gefühle und die schlechten Gefühle. Freude, Wut, Ekel, Furcht, Angst, Verachtung, Traurigkeit, Überraschung, Interesse, Neugier, Ärger, Scham und Schuld. Es ist gut, wenn wir sie kennen und lernen, damit umzugehen, damit sie uns nicht aus der Bahn werfen.

Das Ziel dieses Schlüssels

Je besser Sie Ihre Gefühle kennen, desto mehr können Sie auf sie vertrauen. Sie können die Umstände ergründen, und können entsprechend Ihr Verhalten ändern.

Warum Sie Ihr Verhalten ändern können? Weil Sie ab jetzt für sich selbst sorgen wollen, für Ihr Wohlbefinden, für das, was Sie möchten und nicht möchten.

Außerdem ist es einfacher, wenn zuerst Sie sich ändern. Denn andere können und sollen Sie nicht ändern, Sie bräuchten dazu deren Einwilligung und auch das „Mitspielen-wollen".

Aber in einem Punkt können Sie ganz sicher sein: Wenn Sie sich beginnen zu ändern, wird es das Umfeld registrieren. Und allmählich wird das Umfeld darauf reagieren.

Der erste Schachzug liegt bei Ihnen: Sie müssen nicht immer zum gleichen Bäcker gehen, wenn sie hinterher verärgert sind, weil die Bedienung unfreundlich war. Oder, wenn Sie seit Jahren zum Kegeln gehen, Sie sich aber jedes Mal über die anderen ärgern und hinterher schlecht gelaunt sind, dann beobachten Sie: Vielleicht sind Sie über sich selbst sauer, weil Sie immer letzter werden? Dann haben Sie die Möglichkeit, mehr zu trainieren, oder zu überlegen, ob es auch mal zur Abwechslung ein anderer Sport sein kann, der Ihnen mehr Freude bringt. Die Veränderung liegt bei Ihnen selbst, nicht bei den anderen.

Es gibt für alles Belastende mindestens drei Lösungen:
- gehen
- bleiben und akzeptieren
- etwas ändern.

Erfassen Sie die Vielfalt der Gefühle und Emotionen. Es ist ein ständiges Auf und Ab, das Sie selbst steuern können, wenn Sie sich diese Dinge bewusst machen.

Nehmen Sie nicht alles so hin wie es ist, sondern überprüfen Sie selbst, was für Sie in Ihrem Leben und Erleben richtig und wichtig ist. Vielleicht ist es Ihnen nicht wichtig, ob die Bedienung freundlich ist, Sie wollen einfach „nur" frische Brötchen!

Im Kapitel „Loslassen" werde ich auf mögliche Schwierigkeiten beim Umgang mit Gefühlen eingehen.

Übung: Die eigene Welt der Gefühle und Emotionen

Schreiben Sie einige Tage lang alle Gefühle in die nachstehende Tabelle auf, die Sie bei sich wahrnehmen.

Sie können diese Gefühle einteilen in positive, neutrale und negative Gefühle.

An welchen Stellen Ihres Körpers spüren Sie Empfindungen oder Zeichen?

Situation	Gefühl dazu positiv (+) / negativ (-) / neutral (0)	Körperliche Zeichen wo spüre ich das?
Gespräch mit meiner Freundin	Freude (+)	Bauch

Hier geht es in erster Linie um das Erkennen von Gefühlen. Wenn ich sie erkenne und feststelle, kann ich mir im folgenden Schritt (in den nächsten Kapiteln) überlegen, wie ich damit umgehe. Gefühle wollen gesehen, gehört und wahrgenommen werden. Sie gehören zu uns, wie das Salz in die Suppe.

Versuchen Sie zu ergründen, warum Sie in der entsprechenden Situation so empfinden. Was regt Sie auf? Warum haben Sie sich geärgert, oder warum haben Sie sich gefreut?

Der einzige Mensch, der Sie glücklich machen kann, sind Sie selbst!

Ihre positiven Glaubenssätze, Ihre Affirmationen

Meine Wahrnehmung für mich selbst und für die Situation steigert sich jeden Tag.

Ich bin gut, so wie ich bin!

Meine Gefühle sind ein Geschenk! Sie gehören zu mir und machen mich als Mensch aus.

Schreiben Sie sich eine oder mehrere dieser Affirmationen auf einen Post-it-Aufkleber und kleben ihn sich in die Schranktür. Jedes Mal wenn Sie Ihren Blick darauf richten, wird Ihnen bewusst, dass Sie tatsächlich Ihre Wahrnehmung schärfen. Außerdem macht es ein positives Gefühl und bestärkt Sie auf Ihrem Weg.

4. Schlüssel: Wohlfühl-Schlüssel

Ziel ist, zu wissen, mit welchem Programm Sie sich in einen besseren Zustand versetzen können. Dann haben Sie auf dem Weg zu Ihrem Glück die Fernbedienung für Ihr Lebensprogramm selbst in der Hand.

Sich wohlzufühlen hat mit unserer Wahrnehmung zu tun. Ich fühle etwas, und das ist wohl, es tut mir gut. Und wie geht das?

Ein Beispiel: Wir liegen krank im Bett, die Grippe wird langsam besser, das Fieber geht zurück, langsam kehrt wieder Kraft in den Körper zurück. Jetzt ist es schön, eine Dusche zu nehmen. Wie wohltuend ist das! Alles Alte wird abgespült, und wenn wir aus der Dusche gehen, fühlen wir uns wohler, viel wohler. Erleichterung, Besserung und Wohlgefühl, denn die Dusche hat noch mal einen richtigen Schub nach vorne gegeben, in Richtung Gesundheit.

Oder beim Training: Der innere Schweinehund ruft: „Bleib auf der Couch! Was soll das? Du willst dich doch jetzt nicht durch den Wald knechten!?" Und danach? Wohlfühlen ist angesagt. Sie fühlen sich gut, und Sie dürfen stolz auf sich sein.

Sie sind froh, doch gelaufen zu sein, auch das Ego ist beruhigt, Kalorien sind verbrannt, frische Luft hat die Lungen geweitet und mit Sauerstoff versorgt, der Kreislauf ist angeregt, das Stimmungsbarometer ist gestiegen und ... ab auf die Couch. :-)

Was könnte es sein, das Sie wohlfühlen lässt? Ist es ein Kaffeeklatsch mit der Freundin? Ein Spaziergang im Wald? Das Zwitschern der Vögel? Ein Skatabend mit Freunden? Oder ein gelungenes Gespräch mit dem Chef?

Fertigen Sie eine Liste an!

Meine Wohlfühl-Liste

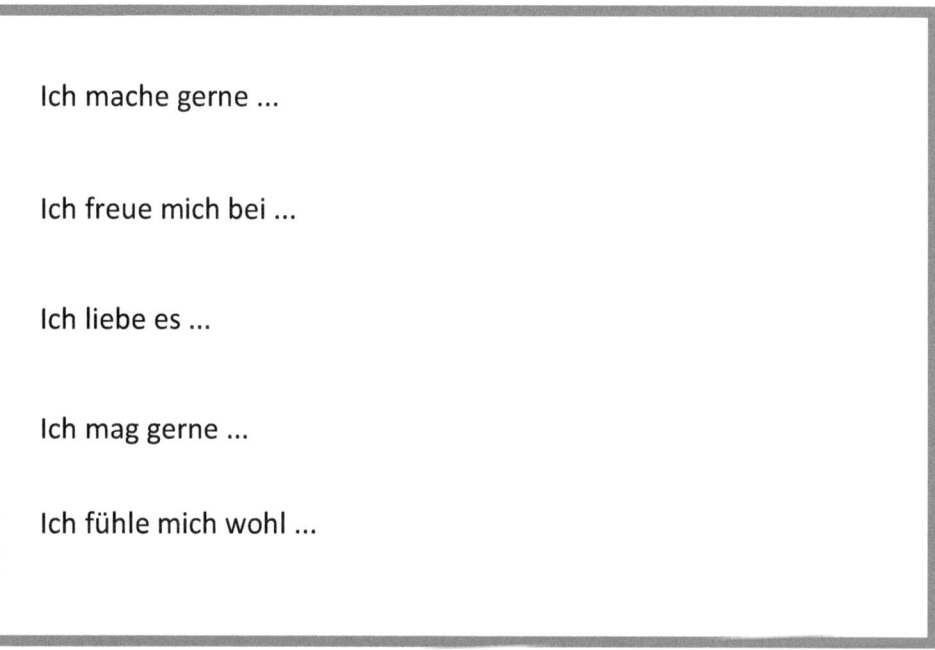

Ich mache gerne …

Ich freue mich bei …

Ich liebe es …

Ich mag gerne …

Ich fühle mich wohl …

Sollte Ihnen nichts einfallen, dann stellen Sie sich vor, Sie landen gedanklich in Ihrer Kindheit. Was haben Sie gerne gespielt oder gemacht?

Ihre positiven Glaubenssätze, Ihre Affirmationen

Ich fühle mich wohl in meiner Welt!

Ich erlaube mir, mich wohlzufühlen!

Auch diese Affirmationen dürfen Sie wieder aufschreiben, aufhängen und mehrmals täglich durchlesen.

Wohlfühlen, in Balance sein

Das bedeutet, nicht in den Extremen zu leben.

Zu emotional zu sein, sich über alles aufzuregen, das ist auf Dauer sehr anstrengend. Das Gegenteil ist ebenso ungesund. Stellen Sie sich vor, Sie wären lethargisch, uninteressiert und es wäre Ihnen alles egal. In beiden Fällen wären Sie am „roten Anschlag" (siehe Bild vorige Seite). Sie wären nicht im Gleichgewicht.

In anderen Themenbereichen ist es ebenso: Macht und Ohnmacht. Stärke und Schwäche. Die Waage wäre im Ungleichgewicht, es würde Ihnen nicht gut gehen. Wären Sie immer nur der „Starke", dann können Sie Ihre eigene Schwäche schlecht oder gar nicht zulassen. Möglicherweise könnten Sie dann andere Menschen förmlich überrollen, ähnlich wie der Elefant im Porzellanladen. Und beides gehört zu uns. Stark sein und schwach sein. Oder das Thema Angst und Sicherheit: Eine gesunde Angst ist völlig in Ordnung. Doch besteht unser Handeln und Denken nur noch aus Angst, wäre dies ebenfalls aus dem Gleichgewicht.

Erst wenn wir unsere Mitte gefunden haben, die natürlich auch Abweichungen haben darf, dann können wir uns wohlfühlen. Wir befinden uns dann in einem akzeptablen Bereich (orangefarbener Bereich auf dem Bild), der von Stimmungsschwankungen, körperlichen Empfindungen und von äußeren Einflüssen tangiert wird.

Wie fühlen Sie sich jetzt gerade auf einer Skala von 1–10, wobei 10 sehr gut ist?

Körperlich – Was empfindet der Körper?
Seele – Was sagt das Herz, die emotionale Befindlichkeit?
Geist – Wie fit ist das Nervenkostüm?

Die gute Botschaft: Sie brauchen niemand anderen dazu, sich selbst wohlzufühlen. Es liegt an Ihnen, wie Sie sich die Situation gestalten. Suchen Sie sich eine Sache, bei der Sie sich wohlfühlen. Das Training zu Ihrem eigenen Wohlfühl-Programm wird Ihnen den Erfolg liefern: Es ist der Weg zu mehr Wohlgefühl für Sie selbst.

Das Einzige, was Sie tun: Sich achtsam und fürsorglich bemühen, festzustellen, was Sie selbst wollen. Und vor allem, was Sie brauchen, um Ihre Bedürfnisse festzustellen.

Und dann: Seien Sie stolz darauf. Richten Sie sich am Tag kleinere Pausen ein, um Ihr eigenes Auftanken und Wohlfühlen zu gestalten. Sie sind **auf dem Weg zu sich selbst und zu Ihrer eigenen Selbstliebe.**

„Der Weg führt nicht in den Himmel. Der Weg führt ins Herz!"
(Buddha)

Übung: Haben Sie heute schon gelächelt?

Lächeln entspannt die Gesichtsmuskulatur. Das ist der eine Teil. Der andere ist: Wenn Sie jemanden anlächeln, bekommen Sie in 98 % der Fälle ein Lächeln zurück. Genauso wie eine Umarmung Ihnen ein gutes Gefühl zurückgibt, wenn Sie bewusst jemanden in den Arm nehmen.

Achten Sie heute bitte darauf, und beschreiben Sie Ihre Erfahrungen.

Ein kleiner Exkurs aus dem Mentaltraining

Ersetzen Sie das Wort „muss" durch ein anderes, z. B. „kann".

Wie sehr setzt uns dieses kleine Wort unter Druck: Ich muss noch schnell dies und das machen. Ich muss meine Mails checken! Ich muss noch einkaufen gehen. Wie viel Stress steckt in dieser Aussage?! Sie müssen gar nichts, außer irgendwann sterben und zur Toilette gehen. Sie müssen nicht mal morgens aufstehen, wenn Sie bereit sind, die Konsequenzen zu tragen, im Falle des Liegenbleibens.

Ich checke meine Mails, und dann gehe ich einkaufen.

Herzmeditation: Ins Herz atmen und „Energie" gewinnen

Zu Beginn habe ich vom „Licht leuchten lassen" geschrieben.

Das innere Licht leuchten lassen, den inneren Frieden spüren, angekommen sein. Angekommen im Hier und Jetzt, annehmend alle Dinge, die sind und die kommen werden, sich geborgen fühlen im Leben.

Wie können wir dorthin kommen? Wenn Sie wollen, nehmen Sie sich Ihre für Sie angemessene Zeit der Stille. Spüren Sie in die folgenden Worte hinein und **überfliegen Sie die Zeilen nicht**!

„Alle Träume werden wahr, wenn wir den Mut haben, ihnen zu folgen."
(Walt Disney)

Meditation: Auf das Herz hören

Machen Sie es sich bequem, vielleicht mit einer entspannenden Musik und einer Kerze, und beginnen Sie nun:

Werden Sie ruhiger und beobachten Sie Ihren Atem, der Sie versorgt und am Leben hält. Der alle Organe am Laufen hält und bedanken Sie sich. Spüren Sie Dankbarkeit für Ihren Atem und für das, was ist.

Tief in uns gibt es einen Ort, der ganz still und ruhig ist – der leuchtet.

Unser Herz.

Egal was wir im Außen erleben, in welchem Chaos oder in welchem „Sturm unser Schiff gerade schaukelt", in unserem Herzen ist dieser Friede und die Wärme, die Liebe.

Das „Außen" verhindert uns manchmal den Zugang dazu, weil wir uns mitreißen lassen in unserem Tagesablauf, unseren Programmen, Anforderungen und Erwartungen. Wir spüren es oft nicht mehr. Wir spüren UNS oft nicht mehr.

Aber die Kraft unseres Herzens ist immer da. Mit allen Antworten und dem inneren Frieden. Unsere Intuition gibt uns Impulse, wenn wir offen sind und hinhören. In der Stille bekommen wir den Zugang. Es sind einfache Antworten oder Ideen, die in der Stille ihren Zugang zeigen.

Welchen Impuls oder Gedanken bekommen Sie gerade?

Sie können ihn hier notieren:

Dann atmen Sie mehrmals tief ein und wieder aus.

Nehmen Sie den Kontakt zum Boden wahr und recken und strecken Sie sich, um wieder ganz hier zu sein.

Lassen Sie es zu. Nehmen Sie sich die Zeit für sich, durch die tägliche Stille auf Ihre Bedürfnisse und Ihre Träume zu hören. Sie brauchen nichts zu tun. Nur Ihren Körper spüren und den Atem fließen lassen und bewusst wahrnehmen. Dieses bewusste „In-sich-hinein-Spüren" ist die einfachste Möglichkeit, um wieder mit der eigenen Mitte in Kontakt zu kommen.

Eine weitere Übung aus dem Yoga:

Zur Ruhe kommen, Chandra Bhedana:

Chandra Behdana bedeutet übersetzt „vom Mond durchflutet":

Machen Sie es sich bequem im Sitzen und schließen Sie die Augen.

Die linke Hand ruht auf dem Oberschenkel, die rechte wird zur Nase geführt.

Legen Sie den Daumen auf das rechte Nasenloch. Atmen Sie links ein.

Pause

Dann das linke Nasenloch mit dem Ringfinger verschließen, rechts ausatmen.

Pause

Jetzt wieder das rechte Nasenloch mit dem Daumen schließen und links einatmen.

In diesem Rhythmus können Sie ca. fünf Minuten fortfahren.

Die Mondatmung kann uns dabei helfen:
- In hektischen Zeiten ruhiger zu werden und erfolgreich abzuschalten.
- Sie wirkt beruhigend, wohltuend und schlaffördernd bei Nervosität, Angespanntheit, Gereiztheit.
- Angstzustände können damit gemildert werden.
- Sie wirkt angenehm kühlend bei großer innerer Hitze, zum Beispiel bei Fieber oder in den Wechseljahren.
- Mit dieser Übung können wir in Stressphasen sogar den Blutdruck senken und wieder in unsere innere Mitte finden.

5. Schlüssel: Langsamkeit, sich viel Zeit nehmen

In der Langsamkeit entsteht Raum für mehr Achtsamkeit und die Möglichkeit, mehr Schönes und Gutes zu erkennen und zu genießen. Und Sie finden zu Ihrem Kern, zu Ihrem Potenzial und zu mehr Bewusstsein für das, um was es im Leben geht. Je langsamer Sie mit Ihrem Auto durch die Landschaft fahren, desto intensiver können Sie die Eindrücke wahrnehmen.

Was im vierten Kapitel noch recht einfach klang: Sich wohlfühlen, wird ab jetzt etwas tief greifender und intensiver, auch wertvoller und gehaltvoller. Die Wichtigkeit des Themas zeigt sich in der Länge des Kapitels.

In meinen Seminaren sind sehr oft Teilnehmer, die von sich sagen, sie spüren sich nicht mehr. Sie funktionieren nur noch, und das auch eher schlecht als recht.

Vielleicht kennen Sie das selbst auch? Von einem Termin zum nächsten, zwischendurch noch das ein oder andere erledigen. Dann stellt man fest, dass man schon am Ziel angekommen ist und war so in Gedanken, dass der gesamte Ablauf beinahe mechanisch war. Weil wir viele Dinge gleichzeitig tun, großem Druck ausgesetzt sind und aus anderen multifaktoriellen Gründen, die uns aus dem Gleichgewicht bringen können. Die Zeit, etwas wahrzunehmen, ist verschwindend gering. Zwischen dem Reiz, den wir erfahren, und der Reaktion darauf liegt oft nur eine Nanosekunde. Wir sind aufgefordert, das Tempo zu verlangsamen, wenn wir wieder in Balance und zu unserem inneren Gleichgewicht kommen wollen.

Zwischen dem Reiz und der Reaktion innehalten, die Zeit anhalten und feststellen, was ist. Das ist die Kunst, sich zu verlangsamen. Die Reaktion abwägen, die Emotion anschauen, die Wahlmöglichkeiten in den Fokus nehmen und dann erst reagieren.

Das ist für viele Menschen ein schwieriges Thema. „Wie soll ich denn meine eigenen Gefühle mit Abstand betrachten und in einer emotionalen Situation erst mal innehalten und mir die Lage anschauen? Das Gefühl ist doch eher etwas, was aus dem Bauch heraus und spontan kommt? Wie soll ich das denn beobachten? Das Gefühl wahrzunehmen und zu verändern müsste je nach Situation auch recht schnell geschehen. Ich kann doch meinem Gegenüber nicht sagen: Warte mal einen Moment, ich muss mein Gefühl erst wahrnehmen, zuordnen und reflektieren."

Ja, es ist schwer, eine neue Sprache lerne ich auch nicht über Nacht. Durch Übung wird sich der Erfolg einstellen. Sie können mehr Gespür für die Dinge entwickeln und werden immer feinfühliger.

Sie werden dann auch zwischen Gefühlen und Emotionen besser unterscheiden können. Emotionen sind Erregungen, sie schwappen aus uns heraus, wenn Gefühle angesprochen wurden. Gefühle sind Empfindungen, die unsere Werte und Vorstellungen ansprechen. „Wenn die Emotion kommt, geht der Verstand", besagt ein altes Sprichwort.

Wenn Sie auf einem Teller mit einem flachen Rand Kugeln balancieren wollen: Je schneller sie den Teller bewegen, desto größer ist die Chance, dass Kugeln herunterfallen. Wenn Sie die Bewegungen ruhig und bewusst machen, werden Sie es schaffen, alle Kugeln im Kreis zu drehen, ohne dass eine herunterfällt.

Kennen Sie den Spruch: „Das hat mich total aus der Bahn geschleudert?"

In der Langsamkeit, im Hier und Jetzt, sind die Möglichkeiten, das Schöne zu entdecken. Das können die kleinen Dinge sein, die das Leben lebenswert machen. Erst wenn wir langsam machen, können wir hinschauen, weil wir dann das Augenmerk dafür haben. In der Achtsamkeit kommen wir wieder in Kontakt mit uns selbst. Wir kommen wieder an die Gefühle von Gelassenheit, Leichtigkeit, Dankbarkeit und Lebensfreude.

Doch dort wo Licht ist, ist auch Schatten.

Genauso kommen wir an die Gefühle von Zorn, Wut, Angst und Unzulänglichkeit. Es gilt hier, nur achtsam festzustellen und zu bemerken, welches Gefühl ist hier gerade bei mir? Wenn ich es achtsam beobachte: Es ist mein Gefühl, es bin nicht ich! Das Gefühl sagt unzulänglich, ängstlich, was kann ich für das Gefühl tun, damit es besser wird?

Bemerken Sie den Unterschied? Wenn ich Wut und Zorn bin, unzulänglich und ungewollt, dann bin ich das komplett, meine Person ist das. Ich fühle mich automatisch schlecht, und zwar in jeder Hinsicht. Wenn ich das Gefühl betrachte, ist es ein Teil von mir, der gehört werden möchte, der es wert ist. Es ist nur ein winzig kleiner Teil meines großen Ganzen. Ich übernehme die Verantwortung dafür. Ich kann dafür sorgen.

Ein Beispiel hierzu

Thomas kommt abends von der Arbeit nach Hause und ist erschöpft. Er will sich ausruhen und nimmt die Zeitung. Beate hatte schon gewartet, denn eigentlich wollten sie beide heute Abend weggehen. Einmal in der Woche verabreden sie sich für einen gemeinsamen Abend. Beate hatte sich darauf gefreut. Nun sieht sie Thomas auf der Couch sitzen, der keinerlei Anstalten macht, jetzt mit ihr weggehen zu wollen. Sie fühlt sich gekränkt und unzufrieden. Sie geht beleidigt in die Küche und beginnt dort aufzuräumen. Nach kurzer Zeit ruft sie aus der Küche: „Dann lassen wir das halt, ich hatte sowieso keine Lust." Sie zieht sich damit zurück, fühlt sich ungewollt und als Mensch unbeachtet.

Was ist passiert? Thomas hätte sicherlich sagen können: „Schatz, ich lese jetzt noch 20 Minuten zum Entspannen, dann gehen wir los. Ist das ok für dich?"

Beate hat die Situation auf sich selbst bezogen: „Aha, er liebt mich nicht, er will gar nicht mit mir weg." Ihre Wahrnehmung war: Er liest, wir wollten doch weggehen, also will er gar nicht mit mir weggehen.

Hätte sie es einfach nur wahrgenommen in drei Schritten:

1. Schritt: Wahrnehmung: Oh, das kränkt mich jetzt, wir wollen doch weg, jetzt hat er sich gerade gemütlich hingesetzt.

2. Schritt: Was macht das mit mir? Aha, es ärgert mich, macht mich sogar wütend.

3. Schritt: Wie reagiere ich darauf? Zum Beispiel mit der Frage: „Was ist? Wann wollen wir weggehen?" Dann kann er freundlich reagieren, und die Situation ist gerettet.

Wenn er pampig reagiert, geht die Schleife natürlich weiter. Aber davon gehen wir jetzt im Moment einfach nicht aus.

Wichtig ist also, die Situation klar in ihrer Sachlichkeit zu benennen und das Gefühl zu beobachten, das entsteht.

> **Hintergrundwissen:**
>
> Dieses Drei-Schritte-Programm ist ebenso zu finden in der "kognitiven Verhaltenstherapie nach Beck". Das ABC der Gefühle.
>
> A = das Wahrnehmen der Situation.
>
> B = das Bewerten der Situation, sprich, was macht das mit mir?
>
> C = welche Handlungsoptionen habe ich darauf?
>
> Es geht darum, die bisherigen Muster und Reaktionen zu erkennen, um dann in einem zweiten Modell neue und bessere Handlungsoptionen und Bewertungsgedanken zu erreichen, die dann in der Praxis geübt werden.

Entschleunigung – Achtsamkeit

„Wohin Du auch gehst, geh in Achtsamkeit und mit deinem ganzen Herzen!"
(Buddha)

Zum Thema Achtsamkeit gibt es viele gute Bücher, auf die Sie sich wunderbar einlassen können. Wenn Sie darüber nicht erst ein Buch lesen möchten, werde ich Ihnen hier Möglichkeiten aufzeigen, mit denen Sie die Erfahrung der Achtsamkeit selbst machen können, um mehr Bewusstsein für sich und das, was Sie tun, erreichen zu können.

Achtsamkeit bedeutet erst einmal, alles etwas langsamer zu tun, um den Automatismus herauszunehmen und uns im Leben etwas zu entschleunigen. Sensibilität zu bekommen für sich selbst, für kurze Pausen im Alltag.

Wenn Ihnen das gelingt, kommen Sie mit sich und Ihrer Mitte wieder in Kontakt. Sie erfahren, wie schnell Sie sich und Ihren Körper entspannen können, wie Sie in wenigen Minuten tiefe Regeneration erreichen können.

Der Molekularbiologe Jon Kabat-Zinn entwickelte die Achtsamkeitslehre, insbesondere das Acht-Wochen-Trainingsprogramm „Stressbewältigung durch Achtsamkeit" oder MBSR (Mindfulness-Based Stress Reduction). Am bekanntesten ist die Achtsamkeitsübung mit den drei Rosinen. Die Teilnehmer werden eingeladen, das Wahrnehmen mit allen Sinnen zu erfahren: Geschmack, Geruch, Optik, Gefühle und Geräusche beim Verzehr der Rosinen. Jon Kabat-Zinn beginnt seine Trainingseinheiten oft durch gemeinsame meditative Stille im Sitzen.

Die Achtsamkeit stärkt die Mitte in uns. Wir sind fähig, nicht mehr in Extreme abzugleiten. In einer Achtsamkeitsmeditation gibt es keine Aktivierung oder Suggestion von Bildern oder Gefühlen. Sondern alles was zählt, ist die Wahrnehmung: neutral, untersuchend, freundlich, geduldig und wertschätzend. Man trainiert zunächst, die Aufmerksamkeit im Hier und Jetzt auf ein Objekt gerichtet zu halten.

Praktische Techniken lenken dabei die Wahrnehmung auf den Atem und anschließend auf ein Körperteil, z. B. die Bauchdecke, die sich bei jedem Atemzug weitet. Durch bewusstes Wahrnehmen wird der Geist, die Gedanken, schrittweise verlangsamt und angehalten. Die Konzentration liegt nur noch auf dem Atem. Auf diese Weise übend, kann der rastlose Geist allmählich zur Ruhe kommen. Dadurch wird dem „inneren Beobachter" (wie geht es mir wirklich?) Platz geschaffen und auch hierfür eine Wahrnehmung entwickelt. In der fortgeschrittenen Praxis wird die Trennung zu dem Meditationsobjekt aufgehoben. Der Beobachter und das Objekt werden zu einer Einheit.

Wann können Sie die Achtsamkeit für sich einsetzen?
- Wenn Sie in einer schwierigen Situation sind oder während schwieriger Gespräche.
- Wenn Sie sich körperlich oder geistig gestresst fühlen.
- Wenn Sie feststellen, dass Ihnen innere Balance fehlt.

- Wenn Sie nach einer kräfteraubenden Situation neu auftanken möchten.
- Genauso, wenn Sie Schönes intensiver und nachhaltiger verankern möchten.

Wir sind in der Lage, mehr Fülle, Energie und Lebensfreude in unser Leben einzuladen. Wir gewinnen an Offenheit und Verständnis für unser Umfeld und das große Ganze. Und selbst sind wir dabei in unserer Mitte: zentriert, stabil, voller Zuversicht, innerer Ausgeglichenheit und Kraft.

Welche Kraft liegt in der Stille!

Wenn wir Achtsamkeit für uns integrieren möchten, sind die Stille und die Meditation von wichtiger Bedeutung.

Sie ermöglicht uns, auf die Spur zu kommen, was für uns wichtig oder unwichtig ist. So können wir beginnen, unser Leben aufzuräumen. Wir können wieder Energie und Lebensfreude gewinnen. Mit innerer Ruhe und Kraft können wir unseren Alltag besser meistern, weil wir uns selbst im Fokus haben und wissen, wann es genug ist, wenn uns etwas ärgert, kränkt, verletzt oder Ähnliches.

Übung: Achtsam sein

Machen Sie sich bewusst, was Sie tun. Kein Automatismus!

Warum mache ich das so und nicht anders? Stellen Sie sich diese Frage, und dann handeln Sie danach.

Schreiben Sie hier eine konkrete Situation auf, die Sie in den kommenden Wochen achtsamer machen wollen. Es können auch mehrere Dinge sein. Machen Sie sich bewusst, auf welche Art und Weise Sie achtsamer sein wollen.

Das kann eine Alltagssituation sein. Zum Beispiel der Weg zur Arbeit, den Sie bewusster wahrnehmen wollen, oder das tägliche Zähneputzen.

Oder wie intensiv Sie Ihr Frühstück genießen wollen. Auch das Hören Ihres Lieblingsliedes kann ein bewussteres Wahrnehmen und auch gleichzeitig ein Genießen sein.

Mit folgender Übung machen Sie sich dieses klar:

> In der kommenden Woche werde ich bewusst wahrnehmen:
>
> In folgenden Situationen:
>
> Auf welche Art und Weise:

Sie können sich das Vorhaben auf einen separaten Zettel schreiben und in Ihrer Wohnung sichtbar aufhängen, damit Sie täglich daran erinnert werden.

Ihre positiven Glaubenssätze, Ihre Affirmationen

Meine Wahrnehmung für mich selbst und für die Situation steigert sich jeden Tag!

Ich sehe die kleinen Dinge im Leben, die mir Freude bereiten.

Ich spüre immer mehr meine eigene Kraft und bin voller Dankbarkeit dafür.

Auch hier dürfen Sie wieder Ihren Satz, oder auch mehrere, auf einen Zettel schreiben und für Sie sichtbar aufhängen, damit er Sie positiv begleiten kann, indem Sie ihn mehrmals am Tag lesen.

Die Kraft der Achtsamkeit

Machen Sie sich bewusst:

Die Vergangenheit ist vorbei!

Die Zukunft ist noch nicht da!

Die Gegenwart ist jetzt und hier!

Es ist immer nur der gegenwärtige Moment, den wir genießen können.

Die Gegenwart ist der einzige Moment, in dem wir handlungsfähig sind und unsere Weichen gestellt werden können. Mit unseren Gedanken beginnen wir bereits damit.

Wir beobachten uns und unsere Umwelt. Wir werden ruhiger und gewinnen Selbsterkenntnis, sehr oft auch eine andere Perspektive und neue Sichtweise.

Unser Leben geschieht von Augenblick zu Augenblick. Von Minute zu Minute, wir können es nicht aufhalten. Aber wir können diesen Augenblick bewusst erleben. Mit der Gewissheit, sich jederzeit verändern zu können. Allein dieses Gefühl ist schon erhebend. Sie sind in diesem Moment nicht ausgeliefert, kein Opfer. Überprüfen Sie Handlungen in der Vergangenheit darauf, ob sie Ihrem Ziel dienlich waren. Wenn nicht, können Sie das ändern. Sie setzen neue Ursachen, die neue Konsequenzen haben. Auch diese können Sie verändern, wenn es nicht dienlich ist.

Achtsamkeit ist die Grundlage für das Bewusstwerden, ohne es zu bewerten.

Was passiert hier gerade? Bin das ich, meine tiefsten inneren Werte, die jetzt in dieser Situation gespiegelt und erfahrbar gemacht werden? Oder was mache ich hier gerade? Fragen Sie sich das, und nehmen Sie es bewusst wahr. Achtsamkeit hat noch keine Konsequenzen.

Achtsamkeit sagt: Hab acht für den Moment! Nimm deine Gefühle wahr, Deinen Ärger, Wut, Unzufriedenheit, Deine Liebe, Freude, Dankbarkeit, sie nimmt einfach nur wahr.

Das darauf Folgende sind unsere Bewertungen, die uns reagieren lassen.

Achtsamkeit verlangsamt automatisch. Sie bringt uns näher zu unseren Gefühlen oder auch wenn wir in der Hektik des Alltages versinken. „Hab acht! Was tust du hier gerade?"

Unser Mitgefühl zu anderen wird bewusster. Wir werden klarer, und unser Denken wird ebenfalls klarer. Es lässt zu, dass wir bemerken und feststellen, was gerade im Außen passiert. Wenn wir wütend sind und unseren Zorn herauslassen, bemerken wir in diesem Moment nicht, dass wir der Elefant im Porzellanladen sind. Hinterher wird es bewusst. Manchmal, oder oft? Wir können das selbst bestimmen und lenken, indem wir uns selbst beobachten. Durch das bewusste Wahrnehmen können wir Denk- und Handlungsgewohnheiten feststellen und sie ändern.

Es ist immer wieder das gleiche Prinzip:

ERKENNEN – ANNEHMEN – VERÄNDERN

Achtsamkeit ist die heilige Präsenz des Augenblicks!

Beobachten, wahrnehmen und annehmen, was ist. Ohne es zu bewerten, weil es ansonsten verurteilend, euphorisierend, beschönigend oder verschleiernd wäre. Es wäre nicht echt, wenn wir bereits hineininterpretiert hätten.

Sehr oft tun wir das allerdings. Wir werten und bewerten. Warum? Es liegt unter anderem an unserer Erziehung, an dem, was uns vorgelebt wurde, an unseren Wertvorstellungen, Gewohnheitsmustern, es liegt an unserem

Blickwinkel, von dem wir denken, er sei der Richtige. Dabei beziehen wir eine Position, bewerten und reagieren entsprechend.

Dazu ein Beispiel: „Meine Nachbarin geht drei Mal zum Briefkasten, weil sie mich beobachten will. Es ärgert mich, sie soll mich in Ruhe lassen."

Achtsamkeit bedeutet: Sie geht drei Mal zum Briefkasten. Punkt. Und ich beobachte, was das mit mir macht. Wahrnehmen – Stille – nur beobachten. Erwartungen, Vergleiche, Wünsche, Unterstellungen, alles darf gehen, in dem Moment, in dem ich nur beobachte. Ich nehme an, was kommt. Vielleicht ist es meine eigene Wut, weil ich gerne hätte, dass sie bei mir klingelt? Was auch immer es ist, es darf beobachtet und akzeptiert werden. Hier liegt die große Chance, Verantwortung für die eigenen Gefühle zu übernehmen.

Gehen Sie wertschätzend mit sich um!

Achtsamkeit bringt Zufriedenheit, Akzeptanz, Klarheit, Ruhe, Offenheit, Vertrauen, Energie und Lebensfreude.

Begegnung mit der inneren Welt

Durch regelmäßiges „In-sich-hinein-schauen" haben wir nicht nur für den gegenwärtigen Augenblick eine bessere Wahrnehmung. Wir begegnen damit auch unserer inneren Welt, unseren Wünschen, Gedanken und unserem Körper, unserer Mitte. Wir steigen dabei aus der Hektik des Alltags aus und aus unserem Gedankenkarussell oder Gedankenstrom des Alltagsbewusstseins und erreichen damit Entspannung und geistige Erfrischung.

Eine Erweiterung des Bewusstseinszustandes stellt sich ganz automatisch ein.

Das Ziel: Sie bekommen ein Gespür für kurze Pausen in Ihrem Tagesablauf. Sie erfahren, wie schnell sich eine Entspannung Ihres Körpers einstellen kann, wie schnell Sie regenerieren können und wie Sie mit Ihrer Mitte in Kontakt kommen können.

Die folgende Übung können Sie einsetzen:
- Wenn Sie sich erschöpft und ausgelaugt fühlen.
- Wenn Sie bemerken, dass Sie gerade dabei sind, sich zu verzetteln und der Stress Oberhand gewinnen könnte.
- Nach kräfteraubenden Gesprächen, Sitzungen oder anderen Situationen.
- Wenn Sie sich auf schwierige Gespräche, Sitzungen oder Situationen vorbereiten wollen, um bereits vorher schon Kräfte und Ressourcen zu mobilisieren.
- Wenn Sie für sich eine sehr schöne Situation oder ähnliches verankern und im Gedächtnis behalten wollen.

Im Kapitel „Ausgangssituation klären" habe ich eine einfache Version aufgezeigt, in der folgenden Übung können Sie tiefer einsteigen.

Meditative Übung

Setzen Sie sich an einen ruhigen Platz, wenn die Möglichkeit besteht können Sie eine entspannende Musik und eine Kerze miteinbeziehen. Das ist allerdings nicht notwendig, denn Sie können nach einiger Übung auch in der S-Bahn oder in einem Gespräch eine solche Rückbindung zu sich selbst erleben. Zu Beginn ist eine kleine Pause sicherlich nicht schlecht, da Sie damit bewusster aus Ihrer momentanen Aktion aussteigen können, um den Fokus auf sich selbst und Ihre innere Welt zu richten.

Beginnen Sie nun:

Richten Sie Ihre Aufmerksamkeit auf Ihren Atem. Sie atmen ganz ruhig ein und wieder aus. Ganz automatisch. Ein und aus.

Lassen Sie ganz bewusst den Alltagstrubel los, für einen Augenblick, der jetzt ganz Ihnen selbst gehört, und niemandem sonst. Es ist wie ein kleiner Schritt zurück, um nicht mehr unmittelbar im Geschehen zu sein. Alles ist gut in diesem Moment, in dem Sie nur atmen. Ganz bewusst einatmen und ausatmen. Nehmen Sie wahr, wie der Atem nicht nur den Brustkorb weitet, sondern ganz allmählich bis in den Bauchraum hinein geht.

Gedanken dürfen kommen und auch wieder gehen. Dieser kurze Moment der Stille öffnet uns den Raum in uns selbst, in dem bereits alles enthalten ist, was wir brauchen. All die Wahrheiten liegen bereits in uns. In diesem Raum der Stille, in den wir eintauchen und Kraft und Entspannung holen.

Die Schultern, Kiefer, Nacken, Arme und Beine lassen jegliche Anspannung los.

Spüren Sie jetzt die Weite, die entsteht. Nehmen Sie Kontakt auf zu Ihrem Körper und nehmen Sie wahr, was passiert.

Nehmen Sie bewusst wahr, vom Kopf weiter abwärts, welche Körperteile gesund sind. Machen Sie einen Scan von oben nach unten durch Ihren Körper.

Spüren Sie alles Gesunde, alle Körperteile, die funktionstüchtig sind und senden Sie mit jedem Atemzug einen Gedanken in Dankbarkeit dorthin.

Sie sitzen ganz gerade und spüren, wie frische Luft in alle Zellen des Körpers eindringt. Sie können sich strecken, wenn Ihnen danach ist, um noch mehr Körpergefühl zu bekommen. Sie spüren frische Kräfte und Freude, der Körper ist Ihnen für dieses bewusste Atmen dankbar.

Wenn Sie möchten, beenden Sie hier die Übung – oder Sie gönnen sich noch einen weiteren Moment der Entspannung.

Sie können jetzt, wenn Sie noch weitermachen möchten, Ihre Wahrnehmung auf die Füße richten. Ganz bewusst nehmen Sie Kontakt zu Ihren Füßen auf. Die Füße sind das Gegenstück zu unserem Kopf, der meist durch seine Gedanken die Oberhand für unsere Aufmerksamkeit hat. Jetzt ist die Aufmerksamkeit bei unseren Füßen.

Wir dürfen dankbar sein dafür, dass unsere Füße uns tragen. Sie tragen Sie ganz automatisch, mit Ihrem gesamten Körpergewicht dorthin, wo Sie möchten. Schicken Sie mit dem nächsten Atemzug einen Gedanken der Dankbarkeit dafür mit in die Füße. Ganz bewusst spüren Sie den Kontakt zum Boden und zu Ihren Füßen, die Sie tragen.

Der Kontakt zum Boden gibt Ihnen Sicherheit und Halt. Stellen Sie sich vor, Sie hätten Wurzeln, die tief in das Erdreich hineingehen. Wie ein Baum, der sicher verankert ist mit dem Boden. Dort können Sie jederzeit alles aufnehmen, was Sie zum Wachstum benötigen.

Ihre Energie darf jetzt wieder ins Fließen kommen. Sie brauchen nichts zu tun, außer mit Ihren Gedanken dort zu sein.

Und auch hier spüren Sie wieder ganz bewusst, wie jeder Atemzug die Zellen mit frischer Energie versorgt.

Wenn Sie möchten, stellen Sie sich beim Einatmen eine Farbe Ihrer Wahl vor, die zusätzlich neue Energie bringt und die alte Energie als eine verbrauchte Farbe wieder abfließen lässt. Grün ist beispielsweise die Farbe der Heilung, die ich sehr gerne Menschen empfehle, die sich auf den Weg der Heilung begeben möchten. Grün einatmen, und die alte Energie ausatmen. Spüren Sie, wie Sie weiter werden, größer und freier.

Kommen Sie jetzt mit Ihrer Aufmerksamkeit wieder ganz bewusst zurück in das Hier und Jetzt, und behalten Sie das Gefühl, für sich selbst und mit sich selbst zu sein noch ein wenig bewusst bei sich.

Das ist das Gefühl Ihrer Mitte, Ihr Selbstgefühl.

Mit der Zeit wird Ihnen das immer leichter fallen und auch immer länger wird der Kontakt da sein, den Sie jederzeit wieder bewusst herstellen können mit dieser Übung.

Spüren Sie noch einmal hinein, was genau sich verändert hat. Konnten Sie durch die Übung einen Abstand zu Ihrem Alltag herstellen, der Ihnen, selbst wenn es nur für ein paar Minuten war, doch sehr viel Regeneration gebracht hat?

Oft sieht man die Dinge dann etwas anders, nicht mehr so emotional wie vorher. Diese Übung wirkt mit der Zeit immer intensiver, sie verbessert die Atmung, die Körperhaltung und natürlich die Stimmung. Die Selbstheilungskräfte werden gestärkt und der Weg zu Heilung und Gesundheit wird freigelegt.

Lassen Sie sich Zeit. Rom wurde auch nicht an einem Tag erbaut.

Wissenschaftliche Erkenntnisse:

Wissenschaftler und Ärzte sind zu der Erkenntnis gelangt, dass der Körper in bestimmten Abständen Hinweise gibt, wann er Regeneration benötigt. Nach erhöhter Konzentration und Leistung entsteht ein natürliches Bedürfnis nach einer Ruhepause, in der der Körper die gebotenen Reize verarbeiten möchte. Alle 90 bis 120 Minuten ist eine Zeit der Regeneration vorgesehen, damit Körper, Seele und Geist weiter im Gleichgewicht bleiben können. (Rossi, Ernest L./David Nimmons: 20 Minuten Pause.)

Wir können lernen, dies in unseren Alltag zu integrieren, damit wir gesund und leistungsfähig bleiben. Stresssymptome können abgebaut werden und wir können gelassener und leistungsfähiger werden.

Der Psychiater Richard Davidson von der University of Wisconsin machte eine interessante Studie. Durch eine Untersuchung mit tibetischen Mönchen, die täglich Achtsamkeitsmeditation betreiben, entdeckte er merkwürdige Gehirnaktivitäten im Elektroenzephalogramm (EEG): Im Gehirn, im linken präfrontalen Kortex, einem kleinen Teil der Hirnrinde hinter der Stirn, war deutlich mehr Aktivität als bei nicht meditierenden Versuchspersonen. Dieser linke Teil der Hirnhälfte steht im Zusammenhang mit positiven Gefühlen, mit Enthusiasmus und guter Laune. Dies bedeutet, dass Achtsamkeit durch Aktivierung dieser Gehirnregion mehr Freude und Gelassenheit bringen kann.

Ein wichtiges kosmisches Gesetz: Energie folgt der Aufmerksamkeit

Wenn ich durch Achtsamkeit etwas erkenne, richte ich damit meine Aufmerksamkeit auf das, was gerade geschieht. Und ich bestimme die Energie, die ich dafür einsetzen möchte.

Es steckt so viel Selbstbestimmtheit in dieser Aussage! Sie können Ihr Selbstbewusstsein damit stärken. Denn Sie gewinnen mehr Sicherheit und Achtung für sich selbst. Wie geht das? Sie lernen, den Augenblick zu schätzen, indem Sie bewusster wahrnehmen. Damit eröffnet sich neuer Handlungsspielraum. Wissen Sie, dass Sie aus negativen Gedankenmustern aussteigen können?! Sie können Gewohnheiten ändern, weil Sie durch das bewusste Wahrnehmen erkannt haben, dass sie nicht mehr zu Ihnen passen. Sie können besser für sich sorgen und Situationen, von denen Sie wissen, dass sie Ihnen nicht guttun, einfach verhindern, verkürzen oder abändern. Sie gewinnen dadurch Lebensqualität, Freiraum und Weiterentwicklung für sich selbst.

Achtsam zu sein braucht weniger Zeit als Situationen zu bewerten und zu analysieren, hineinzuinterpretieren, sich mit anderen darüber auszutauschen, wie sie das sehen und sich zu rechtfertigen. Nehmen wir doch einfach wahr, was wir uns wünschen oder unangenehm finden. Dann können wir wieder zu unseren elementaren Wahrnehmungsantennen zurückkehren: riechen, schmecken, sehen, fühlen, hören.

Potenzialentfaltung durch Achtsamkeit

Wir haben die Möglichkeit, aus negativen Gedankenmustern oder Angewohnheiten auszusteigen. Mehr noch: In der Ruhe des Augenblicks können wir nicht nur unser eigenes Erleben wahrnehmen, sondern auch das der Anderen. Wir werden feinfühliger für uns und für unser Umfeld, was ein intensiveres Lebensgefühl zur Folge hat. Wir können unsere Qualitäten und das, was uns ausmacht als Individuum erkennen und in unserem Leben einsetzen. Immer mit dem Bewusstsein: Ich habe die Wahl, jederzeit!

Achtsamkeit aus der Metaebene (Vogelperspektive)

Von Metaebene sprechen wir, wenn wir unsere Sichtweise nach Außen verlagern. Wir erreichen damit eine Distanz, mit der wir eine größere Sicht der Dinge erreichen können.

Als externer Beobachter sind wir in der Lage, unsere subjektive Beurteilung der Situation etwas „undramatischer" einzustufen oder zu beurteilen. Beispielsweise einen Autounfall mit Blechschaden: Wir beobachten z. B. von oben, aus der Vogelperspektive, wie die gesamte Situation aussieht. Wir nehmen wahr, was insgesamt geschehen ist. Wir erreichen damit eine globalere, andere Sichtweise. Wir erhalten neue Perspektiven und Handlungsoptionen.

Wir bekommen ein Verständnis für andere Personen, deren Reaktion wir damit besser nachvollziehen können. Beispielsweise die Situation der Nachbarin, die dreimal zu ihrem Briefkasten geht. Auch Lösungen, die wir vorher nicht gesehen haben, liegen aus der anderen Perspektive möglicherweise klar auf der Hand. Probieren Sie es bei der nächsten Situation, die Sie emotional belagert, einfach aus.

Umgang mit Schmerzen

Aus einer distanzierten Ebene können selbst mit Schmerz behaftete Körperregionen leichter empfunden werden. Die Schmerzen werden nur wahrgenommen. Das hat noch keine Konsequenz. Das reine Beobachten hat noch keine Angst, Erschrockenheit, Handlungsunfähigkeit oder Ähnliches. Sie nehmen einfach nur wahr: Ich habe Kopfschmerzen oder Herzrasen. Während Sie sich auf einen ruhigen Atem konzentrieren, überdenken Sie in Ruhe den nächsten Schritt. Einatmen – ausatmen – wahrnehmen. So bauen Sie eine mentale Distanz zu den Schmerzen auf.

Wenn ich etwas tun möchte, was ich vorher möglicherweise aufgrund der Schmerzen nicht getan habe, könnte eine andere Sicht der Dinge auch eine neue Option und eine neue Verfassung eröffnen.

Ein praktisches Beispiel

Stellen Sie sich vor, Sie wären ein Spitzensportler. Sie haben trainiert, heute ist Ihr wichtiger Tag. Sie konzentrieren sich auf Ihre innere Kraft. Sie nehmen im Außen wahr, was dort noch alles ist, sie sind auf sich konzentriert und spüren Ihre innere Kraft. Sie nehmen diesen Moment bewusst wahr. Sie sind achtsam und können sich auf Ihren Körper und Ihren Geist konzentrieren. Wenn Sie das bewusst machen, können Sie Ihre eigene Power spüren.

In diesem Moment haben Sie zwei Dinge trainiert: Ihre Achtsamkeit und Ihre innere Kraft.

Ihre positiven Glaubenssätze, Ihre Affirmationen

Ich bin bereit für die Gegenwart!

Alle Veränderungen treffen mich ruhig und gelassen.

Übung: Bauchatmung in einer Alltagssituation

Eine Möglichkeit für zwischendurch ist die bewusste Bauchatmung.

Im Kapitel „Ausgangssituation klären" bin ich bereits auf diese Möglichkeit eingegangen. Sie können gern dort noch einmal nachlesen.

Versuchen Sie, bewusst zu atmen, und öffnen Sie dabei den Brustkorb und den Bauchraum. Sie bemerken dabei, dass sich die Bauchdecke hebt und senkt. Und entspannen Sie dabei bewusst die Muskulatur. Atmen ist eine notwendige Körperfunktion, ohne Atmen geht nichts.

Also können wir es auch bewusster machen.

Der Unterschied zu den vorhergehenden Übungen: Sie konzentrieren sich jetzt nicht primär auf die Übung, sondern versuchen, die Atmung in eine Alltagssituation einzubinden. Ihr Atem ist die Möglichkeit innezuhalten, sich selbst zu spüren und den Körper mit seiner Lebendigkeit wahrzunehmen. Nebenbei regen Sie den Energiefluss an. Die Steigerung ist das Umsetzen der Übung in einer Situation, die Sie stresst.

Anwendungsvorschläge

In folgenden Situationen kann dies Wunder wirken:

- Sie stehen im Stau.
- Sie sitzen im Wartezimmer.
- Sie fahren mit dem Auto oder auch mit den öffentlichen Verkehrsmitteln zu einem Termin.
- Arbeiten Sie am PC, dann führen Sie die Übung über den Tag verteilt dreimal durch, bei aufrechter Sitzhaltung.
- Selbst rote Ampeln eignen sich dazu, bewusst zu atmen und zu entspannen, wenn Sie dies mit einem guten Gefühl tun.
- Bei Schlafproblemen ist es besonders hilfreich, vor dem Schlafen diese Übung zu machen.
- Bevor Sie aufstehen können Sie ein paar bewusste Atemzüge für sich und Ihr Wohlbefinden durchführen. Nur atmen, an nichts denken, einfach nur atmen. Sollten Ihre Gedanken schon losrattern wollen, dann zählen Sie beim Atmen mehrmals konzentriert 1-2-3 und 3-2-1 und wieder 1-2-3. Sie lenken damit Ihre Gedanken ab. Manchmal darf man sich auch selbst austricksen.

Diese Situationen haben oft den Nebeneffekt, dass wir sie als negativ empfinden: Im Stau zu stehen, in der Warteschlange, im Wartezimmer zu sitzen empfinden wir oft als lästig und nervig. Wenn wir diese Momente umfunktionieren, sie so nutzen als würden wir für uns etwas Gutes tun, was wir ja auch tun, dann nehmen wir den Momenten die negative Spitze. Vielleicht können wir sogar darüber lachen, ohne uns zu ärgern, also eine Win-win-Situation.

Durch das Training in Achtsamkeit werden sicherlich nicht Ihre Probleme aus Ihrem Leben verschwinden. Aber Sie können andere Möglichkeiten erkennen, damit umzugehen!

Ihre positiven Glaubenssätze, Ihre Affirmationen

Ich atme bewusst ein und aus,
damit geht es mir von Tag zu Tag immer besser.

Mein Körper arbeitet zu meinem höchsten Wohl und
mein Atmen versorgt mich immer mit neuer Energie.

Eine kleine Geschichte zu diesem Thema über Till Eulenspiegel

Till Eulenspiegel ging eines schönen Tages mit seinem Bündel an Habseligkeiten zu Fuß zur nächsten Stadt. Auf einmal hörte er, wie sich schnell Hufgeräusche näherten und eine Kutsche hielt neben ihm.

Der Kutscher hatte es sehr eilig und rief: „Sag schnell – wie weit ist es bis zur nächsten Stadt?" Till Eulenspiegel antwortete: „Wenn Ihr langsam fahrt, dauert es wohl eine halbe Stunde. Fahrt Ihr schnell, so dauert es zwei Stunden, mein Herr."

„Du Narr" schimpfte der Kutscher und trieb die Pferde zu einem schnellen Galopp an und die Kutsche entschwand Till Eulenspiegels Blick.

Till Eulenspiegel ging gemächlich seines Weges auf der Straße, die viele Schlaglöcher hatte. Nach etwa einer Stunde sah er nach einer Kurve eine Kutsche im Graben liegen. Die Vorderachse war gebrochen und es war just der Kutscher von vorhin, der sich nun fluchend daran machte, die Kutsche wieder zu reparieren.

Der Kutscher bedachte Till Eulenspiegel mit einem bösen und vorwurfsvollen Blick, worauf dieser nur sagte: „Ich sagte es doch: Wenn Ihr langsam fahrt, eine halbe Stunde …"

(Quelle: Lothar J. Seiwert: „Wenn Du es eilig hast, gehe langsam", S. 21)

Die Schlaglöcher des Weges, die der Kutscher in seiner Eile nicht beachtet hatte, hatten ihn schließlich aus der Bahn geworfen.

Es ist häufig so, dass Menschen über zu wenig Zeit klagen. Zu wenig Lebensqualität, viel Fremdbestimmtheit, und wenig Zeit für Erholung. Auf der anderen Seite will man immer mehr Lebensstandard, mehr Konsum um mehr Zufriedenheit erreichen. Mehr haben wollen bedeutet häufig, mehr arbeiten zu müssen oder die Sonderangebote zu erhaschen. Von A nach B hetzen, das ein oder andere zwischendurch erledigen, alles im Laufschritt. Aber bringt das mehr Glück und Freude? Die Entscheidung dürfen Sie für sich selbst treffen.

In jedem Falle lohnt es sich, langsamer zu machen, damit wir die Schlaglöcher und Stolpersteine des Weges wahrnehmen können. Damit wir in der Langsamkeit Fehler erkennen können. Denn diese zu beheben, könnte mehr Zeit kosten, als die, die wir in der Langsamkeit brauchen. Mit der Achtsamkeit, die daraus entsteht, bekommen wir ein größeres Bewusstsein für die Dinge, die wir tun.

Vergleichbar mit einem Zug, der uns durch unser Leben fährt: Je langsamer der Zug fährt, desto mehr bekommen wir zu sehen. Vielleicht halten wir auch an, um an einem Ort eine Weile zu bleiben. Wir können jederzeit mit dem nächsten Zug weiterfahren.

Dafür ist die Wegstrecke mit einem D-Zug schneller zurückgelegt. Aber wir haben wenig gesehen, und auch weniger Eindrücke gewonnen. Dafür sind wir schneller am Ziel. Nur stellt sich dann die Frage: Ist der Weg nicht auch schon ein Stück Genuss zum Ziel? Die Vorfreude, das Ziel erreichen zu können?

Wenn wir entschleunigen, langsamer machen, nehmen wir dafür mehr Dinge wahr. Wir sind aufmerksam für die Kleinigkeiten und haben Zeit für die Zwischenräume. Diese Zwischenräume erhöhen uns möglicherweise wieder unsere Lebensqualität und unser Bewusstsein für die wichtigen Dinge des Lebens.

6. Schlüssel: Wahrnehmungsschlüssel

Die Welt der Wahrnehmung ist genauso unterschiedlich und individuell, wie wir Menschen unterschiedlich sind. Sie können lernen, Ihre Wahrnehmung zu steuern.

Diverse Studien aus der Depressionsforschung haben erwiesen, dass die Frage, ob man einander kennt und schätzt, entscheidend die Wahrnehmung und Bewertung einer Situation mitbestimmt.

Wir sind in einer Situation und nehmen wahr, was ist. Danach werden unsere Emotionen bestimmt.

Dazu ein Beispiel:

Herr P. (78 Jahre) ärgert sich jeden Tag über „die lauten Bengel und Plagen", die draußen auf dem Spielplatz vor seinem Haus herumlärmen.

Frau D. (79 Jahre), die im gleichen Haus wohnt, sitzt gerne auf ihrem Balkon und schaut den Kindern beim Spielen zu. Sie freut sich, wenn „Bewegung" da ist.

Warum stört den einen die Situation und der andere geht freudig damit um?

Ganz einfach: Jeder verknüpft damit andere Lebensumstände, die ihn persönlich betreffen.

Herr P. ist seit dem Tod seiner Frau unglücklich und alleine, er fühlt sich ausgeschlossen und unternimmt nicht viel. Er fühlt sich gestört, vielleicht ist er sogar verärgert, weil die Kinder Spaß haben und er sitzt alleine in seiner Wohnung.

Frau D. ist lebensfroh und zufrieden, gerne hört sie das Kinderlachen und auch die Aufzählreime, das erinnert sie an ihre eigene Kindheit.

Und dann kommt noch ein Phänomen dazu: Wir erinnern uns gerne an die Dinge, die nicht gut geklappt haben. Wenn Sie beim Friseur sitzen, hören Sie dann eher Geschichten mit positivem Charakter oder mit negativem?

Erzählen wir unseren Bekannten und Freunden eher Dinge die gut geklappt haben? Oder die Dinge, die ganz schlecht gelaufen sind?

Unser Gehirn nimmt überwiegend negative Eindrücke wahr. Warum?

Weil schon so vieles selbstverständlich geworden ist? Warum richten wir unseren Fokus nicht in Richtung positiver Dinge? Wir können mit ganz banalen Kleinigkeiten und Selbstverständlichkeiten beginnen. Dort lenken wir unsere Aufmerksamkeit hin.

Das macht einen guten Zustand.

Beispiel

Oh je. Es fängt gerade an zu regnen. Ich wollte doch heute noch mit dem Rad fahren!

Aha, es regnet. Wie schön, die Natur hat es längst schon gebraucht.

Machen Sie sich bewusst:

Heute ist ein guter Tag!

Welcher Satz könnte Ihnen als Affirmation heute guttun? Denken Sie bitte daran, dass Affirmationen stets positiv sind.

Wenn Ihnen nichts eingefallen ist, können Sie folgenden Vorschlag aufgreifen:

Alles ist gut in meiner Welt und dient mir zu meinem höchsten Wohl!

Unsere Wahrnehmung

Schreiben Sie auf, was Ihnen heute bis jetzt aufgefallen ist: vom Wachwerden bis jetzt. Was ist alles passiert? Dingen Aufmerksamkeit schenken, die wir schon als selbstverständlich ansehen und kaum bemerken, dürfen Sie ab sofort in etwas Positives verwandeln. Beispielsweise den Gang zur Arbeit oder das tägliche Zähneputzen. Ist es selbstverständlich, dass dies alles reibungslos über die Bühne geht?

Haben Sie gerade eine Magen-Darm-Grippe? Nein? Wunderbar! Denn wenn Sie eine hätten, dann wären Sie für jede Minute dankbar, die bereits hinter Ihnen läge. Sie würden sich danach sehnen, endlich wieder ohne Bauchschmerzen und den anderen Symptomen den Tag zu verbringen. Mit dem Bewusstsein dafür ist es möglich, den „banalen" Dingen einen besseren Stellenwert zu geben. Nichts ist selbstverständlich.

Übung Teil 1: Was ist mir heute gut gelungen?

Schreiben Sie einige dieser Normalitäten oder „Banalitäten" auf. Das führt zu einem guten Zustand, zu mehr Wohlgefühl.

Möglicherweise fällt es Ihnen am Anfang gar nicht so leicht, man fühlt sich albern, so etwas aufzuschreiben. Das liegt daran, dass es für uns ungewohnt ist. Aber es bringt sehr viel, weil wir unseren Fokus damit verändern. Beginnen Sie den Satz mit der Einleitung: Ich habe erfolgreich ...

z. B. Ich habe erfolgreich Kaffee gekocht.

Ich habe meinen Kaffee erfolgreich genossen, die Kaffeemaschine funktionierte.

Ich habe erfolgreich die Tür gesehen, sie geöffnet und bin erfolgreich hindurchgelaufen.

Ich bin erfolgreich in die Schule gekommen.

Ich bin erfolgreich und unfallfrei Auto gefahren und habe erfolgreich Bäume und Hindernisse auf der Straße entdeckt ...

Sie können die Übung an mehreren aufeinander folgenden Tagen machen.

Übung: Teil 2

Ich lade Sie ein, all dies jetzt bewusster zu erleben, feiern Sie die Momente, als wären es kleine Gewinne. Erfreuen Sie sich bewusst daran.

Als ich anfing, mich mit diesen Themen zu beschäftigen, dachte ich: Oh Gott, wie banal! Darauf kann doch kein Segen liegen. Das bringt doch nichts. Das stimmt aber nicht. Wenn Sie die Kapitel nur lesen oder auch andere Bücher, die möglicherweise wissenschaftlicher an das Themengebiet herangehen, dann könnte es vielleicht sein. Ich habe erkannt, dass wir Menschen diese Dinge erfahren sollten, damit wir sie richtig begreifen. Genauso wie ein kleines Kind erst begreift, dass die Herdplatte heiß ist, wenn es sich die Finger verbrannt hat. Vorher können wir permanent sagen: „Bleib weg vom Herd, das ist heiß!" Das Ganze erfahrbar machen hat einen höheren Wirkungsgrad. Deshalb habe ich mich für ein interaktives Workbook entschieden. Wenn wir ein Buch darüber lesen, wie wir glücklicher werden könnten, dann erleben wir das nicht, nur unser Verstand lernt eventuell etwas dabei. Was ist aber mit unserem individuellen „Zufrieden sein"? Das sollten wir erforschen.

Es sollte erfahrbar werden für Sie. Jeder von uns hat seine eigenen Vorstellungen. Deshalb ist es günstig, wenn wir sie auch kennen.

Eine weitere Übung zur Wahrnehmung:

Schreiben Sie so viele positive Adjektive auf, wie Ihnen einfallen. Das Gehirn wird geschult, sich mit neuen Begriffen auseinanderzusetzen. Eine neue neuronale Verknüpfung wird angelegt.

Adjektive, für einen guten Zustand, ein gutes Gefühl.

Finden Sie 100 Begriffe?

Glücklich, freundlich, klasse, cool, erfolgreich, spannend, ...

Unsere Wahrnehmung

Was bemerken wir? Und wonach richtet sich unsere Aufmerksamkeit?

Die Realität, das, was wirklich ist in unserem Leben: 90 % aller Dinge laufen positiv, wir bemerken dies aber selten oder halten es für selbstverständlich **10 % aller Dinge laufen schlecht**	**90 % der Dinge verlaufen positiv:** - Pünktlichkeit - gute Ideen - Zuverlässigkeit - gute Gespräche - eingehaltene Termine **10 % der Dinge verlaufen negativ:** - zu spät gekommen - Bus verpasst - in einer Warteschlange gestanden
Unsere Wahrnehmung dazu ist anders: 10 % der oben genannten positiven Dinge nehmen wir wahr **90 % nimmt unsere Wahrnehmung in Beschlag für die negativen Dinge**	**90 % positive Dinge, nehmen wir nur zu 10 % wahr** - gute Ideen - zufriedene Kunden - freundliche hilfsbereite Kollegen/Nachbarn **10 % negative Dinge bekommen 90 % Raum und Aufmerksamkeit** - Probleme, Ärger - Kritik, unfreundliche Menschen

Wir können selbst bestimmen, welchen Gedanken wir Aufmerksamkeit schenken.

> *„Kein Ergebnis hat irgendeine Macht über mich, außer der, die ich ihr in meinen Gedanken darüber gebe."*
> (Anthony Robbins)

Wahrnehmung ...

... ist das, was wir mit unseren fünf Sinnen aufnehmen und bewerten.
... ist individuell, Kinderlärm z. B. kann den einen ärgern, den anderen erfreuen.
... ist steuerbar (ich kann meinen Blick auf Positives richten).
... ist 90 %/10 %.
Wenn wir diese Dinge wissen, ist schon eine ganze Menge ins Rollen gekommen.

Welche Wahrnehmungskanäle gibt es?

Es gibt verschiedene Bereiche, mit denen wir unser Erleben wahrnehmen:

V=Visuell (sehen, betrachten ...)
A=Auditiv (hören, sprechen ...)
K=Kinästhetisch (fühlen, berühren ...)
O=Olfaktorisch (riechen ...)
G=Gustatorisch (schmecken ...)

Menschen haben ihre Aufmerksamkeit in ihrem Umfeld:

- zu 53 % auf der Optik,
- zu 40 % auf der Stimme,
- zu 7 % auf den Inhalt des Gesprochenen.

Diese Dinge sind sehr wichtig für das menschliche „Miteinander". Eine ruhige Stimme beruhigt den Gesprächspartner oder auch die Kinder und macht eine ruhige Ausstrahlung.

Außerdem macht es selbst ruhiger und ausgeglichener.

Eine ruhige Ausstrahlung hat mehrere Vorteile:
- sie macht handlungsfähig,
- wirkt positiv,
- macht offen für Neues,
- und bringt Klarheit.

In welchen Bereichen oder Situationen möchten Sie zukünftig etwas ruhiger auftreten?

Steigerung des Selbstwertgefühls und der Handlungsfähigkeit

Wenn wir etwas in unserem Umfeld wahrnehmen, hat das meistens eine Folge. Wir reagieren mit Gedanken oder Handlungen gezielt, reflexartig, gewollt oder ungewollt.

Manchmal ärgern wir uns später über unsere Reaktion, weil sie möglicherweise nicht angemessen oder richtig war. Aus diesem Grund ist der Schlüssel fünf, die Entschleunigung so wichtig, damit wir die Kreativität entwickeln können, gezielter, positiver und besser (unserem eigentlichen Sein entsprechend) reagieren zu können.

Um die Wahrnehmung ins Positive zu lenken, gibt es eine weitere, dritte Übung: Die guten Eigenschaften eines Menschen in den Fokus nehmen.

Sicherlich fällt Ihnen jemand in Ihrem Umfeld ein, den Sie mögen, der einige gute Eigenschaften hat, die Sie an ihm schätzen.

Schreiben Sie diese auf. Es macht noch einmal bewusst und deutlich, dass wir diese positiven Dinge an anderen Menschen schätzen und eine Dankbarkeit dafür entwickeln dürfen.

Ich schätze an …	wie er/sie …

Als Vorbereitung für den nächsten Schlüssel möchte ich gerne den Begriff „ganzheitlich" aus meiner Sicht aufgreifen. Wir sehen darin, dass Körper, Seele und Geist im Einklang miteinander sind. In einem gesunden Körper wohnt ein gesunder Geist. Für mich gehört weit mehr dazu:

Was macht einen Menschen aus?

All das, was ein Mensch zu seinem Wesen, zu seiner Person und seinem Zustand mitbringt, ist ausschlaggebend – seine Stärken und Schwächen.

Nur wenn ich bereit bin, meine Stärken und Schwächen anzunehmen, kann ich mich selbst akzeptieren.

Wenn ich mich selbst akzeptiere, kann ich auch andere akzeptieren. Wenn ich mich selbst liebe, kann ich auch andere lieben.

Was ich zu meinem Wesen mitbringe: Meine Vorgeschichte	Mein momentaner Zustand „Ich – bin Zustand"
Meine Prägungen Meine Einstellungen Motivation Überzeugung Schwächen Stärken, Ressourcen Muster Glaubenssätze	Hier und jetzt ist Veränderung möglich. Hier werden Ziele, Ideen, Kreativität geboren.

Und beide dieser Blöcke gemeinsam bringen mich an mein Ziel: an meine Visionen und Wünsche. Mit den Schwächen und den Stärken gemeinsam.

Jetzt sind Sie bereit für den nächsten Schlüssel?!

Sie wissen jetzt, dass Sie beide Teile in sich tragen, so wie jeder andere Mensch auch. Das Positive und das Negative. Die sogenannten Schattenteile. Wir sollten Verantwortung dafür übernehmen, das macht vieles leichter.

Doch vorher lade ich Sie zu zwei wundervollen Übungen ein.

Sie bringen Sie an Ihre Ressourcen, Ihre Krafteinheiten und Kraftquellen. Sie können jederzeit daraus schöpfen, es sind Teile, die zu Ihnen gehören, die Sie ausmachen als Individuum.

1. Übung: Was gehört zu mir?

Was mögen Sie an sich? Was machen Sie gerne? Was können Sie besonders gut?

Ist es Ihr Lachen, das andere Menschen begeistert? Können Sie gut tanzen, kochen oder nähen? Gärtnern Sie gerne?

Beginnen Sie den Satz mit:

Ich mag an mir ...

Ich kann gut ...

Ich mache gerne ...

Ich bin gerne ...

Wenn Ihnen nichts einfällt, überlegen Sie, was Sie als Kind gerne und gut gemacht haben.

Vielleicht sind Sie gerne Rollschuh gelaufen?

2. Übung

Fertigen Sie eine Liste der guten Gefühle an, die durch andere Menschen entstehen oder jemals entstanden sind. Haben Sie Komplimente bekommen? Zum Beispiel: Mein Gott sind Sie mutig, dass Sie mit solch einem großen Hund „Gassi" gehen. Oder: „Sie sind aber freundlich!"

Hören Sie zu, was andere zu Ihnen sagen! Das schärft nicht nur Ihre Wahrnehmung, es tut auch gut!

Und jetzt kommt noch ein wesentlicher Punkt: Hier ein Dankeschön an eine liebe Freundin, die mich ebenfalls immer daran erinnert.

Wenn Sie an einen Geldautomaten gehen, um Geld abzuheben, dann stecken Sie Ihre Karte hinein, geben die PIN-Nummer ein und wählen den Betrag aus. Dann drücken Sie den Knopf „BESTÄTIGEN". Erst wenn Sie den Knopf gedrückt haben, kommt das gewünschte Ergebnis: das Geld.

Machen Sie das jetzt für sich und nehmen Sie an, was andere Ihnen sagen.

Drücken Sie hier den imaginären Knopf: „BESTÄTIGEN". Ich habe das Kompliment bekommen, ich sei freundlich. Ach, wie schön!

Und haben Sie Vertrauen: ALLES IST GUT.

Zwischenbilanz!

Es ist an der Zeit zu überlegen, wie der neue Status quo ist!

Was ist bisher passiert?

Sich selbst wahrzunehmen: Wann fällt es Ihnen leicht?

Wann fällt es Ihnen schwer?

Was hat sich positiv verändert?

Welche Erkenntnisse haben Sie gewonnen?

Was ist Ihnen besonders leichtgefallen?

Was ist besonders schwergefallen?

Was leiten Sie daraus ab?

7. Schlüssel: Mit Energie und Lebenskraft zur Befreiung

Alles ist Energie. Wenn Sie Licht haben wollen, geht das nicht automatisch, Sie müssen den Schalter drücken. Wenn Sie mehr Energie in Ihrem Leben haben wollen, richten Sie Ihren Fokus auf Ihre Energiespender und Ihre Ressourcen.

Dieses Kapitel ist in zwei Bereiche aufgeteilt:

a) Was ist Energie? Und wofür setze ich sie ein?
b) Resilienz

a) Was ist Energie? Und wofür setze ich sie ein?

Physikalisch gesehen:

- Energie = Kraft x Weg
- Beim Sport: Gute Ernährung + Schlaf = Kraft und Energie
- Für unseren Körper: Atmung (Austausch von alter und neuer Luft) + Essen + Trinken = Energie
- Für unseren Geist = Positive Gedanken + Ruhe + Gelassenheit = Energie

Mein Energiefass

Wie voll ist Ihr Fass an Energie? Wie hoch ist Ihr Energiepotenzial in Prozent im Moment? Schreiben Sie eine passende Prozentzahl in den Kasten. Wie ist Ihr momentaner Gesamtzustand? Damit ist nicht gemeint, ob Sie heute Nacht schlecht geschlafen haben und sich deshalb durch den Tag hangeln müssen, oder ob Sie sich gerade eben über Ihren Chef geärgert haben, vielmehr ist der gesamte Zustand gemeint, der sich durch die letzte Zeit zusammengetragen hat. Sind Sie total ausgelaugt, weil alles über Monate schon zu viel ist? Oder fühlen Sie sich motiviert, weil Ihnen Ihr neuer Job viel Spaß macht? Wie hoch ist der daraus resultierende Energiespiegel in Ihnen dadurch? Darum geht es.

Machen Sie sich bewusst, wie gefüllt Ihr Energiefass ist. Wie hoch ist der Pegel an Energie, die Sie haben?

Es gibt verschiedene Formen von Energie

Positive Energie

Bei wem fühlen Sie sich wohler?

- Bei jemandem, der wirklich gut gelaunt und fröhlich ist?
- Bei jemandem, der schlecht gelaunt ist?

Die Antwort ist klar: Positive Ausstrahlung wirkt anziehender als negative.

Manchmal gehen wir intuitiv mit Energie um:

Wir gehen in ein Konzert und merken bei der Platzwahl: Der Platz ist nicht gut für mich. Dann setzen wir uns auf einen anderen Platz, und dieser Platz ist besser. Oder im Restaurant: Wir wählen den für uns passenden Platz. Logisch ist das nicht immer und auch nicht begründbar. Es ist, wie es ist.

Negative Energie

Uns begleiten auch negative Gefühle, zum Beispiel, wenn wir uns ärgern oder gestresst sind. Unsere Energiezentren im Körper sind dabei blockiert oder „zu".

Vorstellen kann man sich das wie bei einem Papierkorb, der übervoll ist. Wenn er geleert ist, fühle ich mich wieder wohl, weil die Berge weg sind. Beim PC braucht man nur einen Knopf zu drücken und der überschüssige Ballast ist weg.

Bei uns Menschen ist das nicht so einfach. Wie reagiert dabei der Körper? Sicherlich nicht mit einem Adrenalinschub, als hätten Sie gerade erfolgreich ein Geschäft abgeschlossen, oder die Ziellinie eines 5-km-Laufes in einer Bestzeit absolviert. Sondern eher niedergeschlagen und kraftlos. Man spürt förmlich, wie einem die Energie geraubt wird.

Beim Menschen blockiert dieser überflüssige Müll den energetischen Fluss, es können somatische, körperliche Fehldispositionen, z. B. Kopfschmerzen, Schlafstörungen und Herzrasen entstehen.

Man kann dieses Entsorgen, die Reinigung von überflüssigem Gedankenmüll, durch gutes, bewusstes Atmen beeinflussen. Auch durch Waldspaziergänge oder Joggen und Bewegung jeglicher Art. Genauso wichtig ist es, dass wir unser Bewusstsein dafür trainieren.

Was schenkt Energie und was gibt uns Kraft?

Ein gesunder Organismus erholt sich nach einer Anstrengung von alleine. Sind Körper, Seele und Geist im Einklang, dann ist die Balance im Energiefass gehalten. Nach getaner Arbeit ist weniger Energie da. Die Regeneration erfolgt durch Schlaf, wodurch der Körper wieder neue Kraft gewinnt. Gesunde Ernährung, ausreichend Flüssigkeit in Form von Wasser oder Tee, Bewegung und frische Luft gehören ebenfalls zu den Energiespendern, die der Körper zur Regeneration braucht.

Unser Körper zeigt uns durch Symptome, wenn er überfordert oder ausgepowert ist. Wenn der Magen knurrt, ist es günstig zu überlegen, ob nicht der Zeitpunkt für eine regelmäßige Mahlzeit gekommen ist. So gehört zum Gesamtwohl nicht nur das körperliche Gleichgewicht, sondern auch das seelische. Wenn wir emotional sehr stark belastet sind, z. B. durch berufliche Überbelastung, Beziehungsprobleme oder Streit und Ärger, kommen wir oft an unsere Grenzen. Kurzfristig mag das kein Problem sein. Aber über einen längeren Zeitraum können Erschöpfungskrankheiten und andere psychische Dysbalancen entstehen. Vergleichbar ist das mit einem Haus: Auch hier ist es wichtig, frische Luft und Licht hineinzulassen und gelegentlich aufzuräumen und sauber zu machen, wenn es unordentlich geworden ist.

Jetzt können Sie überlegen, was Ihnen Energie schenkt, oder auch, was Ihnen Energie und Kraft raubt. Erstellen Sie sich eine Liste:

Was raubt mir Energie?	Was bringt mir Energie?

Energiespender können Kleinigkeiten sein: Musik hören, Blumen, Spazieren gehen ...

Im weiteren Verlauf werden wir uns den Energiespendern widmen. Der Fokus liegt auf dem Positiven. Wir richten unseren Blick gezielt auf das, was Energie gibt.

Meine Ressourcenliste

Bisher haben wir erkannt, dass es Dinge gibt, die uns Energie geben. Wenn wir uns aus der vorangegangenen Liste die Punkte heraussuchen, die wir selbst beeinflussen können, die nur mit uns zu tun haben, dann werden das Dinge sein, die uns Spaß machen, die wir machen möchten und die wir genießen können. Wenn es ein bestimmtes Hobby ist, werden wir uns darin verbessern.

Lassen Sie Ihr inneres Licht leuchten! Spüren Sie Ihre eigene Kraft in Ihrem Inneren. Das könnte ein schönes Ziel sein! Wenn wir aufhören, im „Außen" zu suchen nach Dingen, die uns glücklich machen, dann sind wir auf dem Weg, nach innen zu schauen. In unserem Inneren ist das, was wir Stärke nennen. Dort, wo unsere Ressourcen unsere Kraftquellen sind. Und die hat jeder von uns. In uns selbst liegt die Möglichkeit, inneren Frieden, Ruhe und Ausgeglichenheit zu finden. Wir müssen unser inneres Licht nur anmachen!

Wenn ich mich auf meine innere Stärke verlassen kann, dann spüre ich inneren Frieden. Ich bin authentisch, weil mich nichts so schnell aus der Bahn werfen kann.

Fertigen Sie bitte eine Liste an, Sie können gerne die Liste der Energiespender als Grundlage nehmen. Jetzt geht es um die Dinge, die nur Sie selbst beeinflussen können. Nicht also der schöne Abend mit dem Partner oder der Partnerin, denn Sie sind natürlich auch von dem Mitwirken des Partners abhängig. (Unterschied zu Kapitel „Wohlfühlen")

Ressourcen können alles sein, auf was wir zugreifen können, wenn wir es brauchen. Der Lebenswille, Überzeugungen und Werte, Wissen, Bildung, auch Fähigkeiten wie Kreativität, Geduld, Kraft und Ausdauer.

Ressourcen sollten konkret sein. Ich höre beispielsweise sehr gerne Musik, die ich der Stimmungslage anpasse. Mit einer entspannenden Musik kann ich meine eigene Entspannung fördern.

Ebenfalls gut ist es, wenn Ressourcen auch körperlich ihren Ausdruck finden. Jemand, der gerade seinen 10-km-Lauf absolviert hat, fühlt sich hinterher möglicherweise ausgepowert, die Muskulatur wurde beansprucht, der Puls ist erhöht und das Gehirn gut durchblutet. Das muss aber nicht unbedingt durch sportliche Betätigung sein. Auch nach einem gut gelungenen Vortrag sind Glückshormone frei geworden, Anspannung ist gewichen und die gesamte Körperstatur wirkt aufrechter und entspannter.

Wenn Sie gut tanzen können oder dies sehr gerne tun, kann das auch eine Ressource sein, weil Sie damit Menschen begeistern können und natürlich auch sich selbst.

Meine Ressourcen:

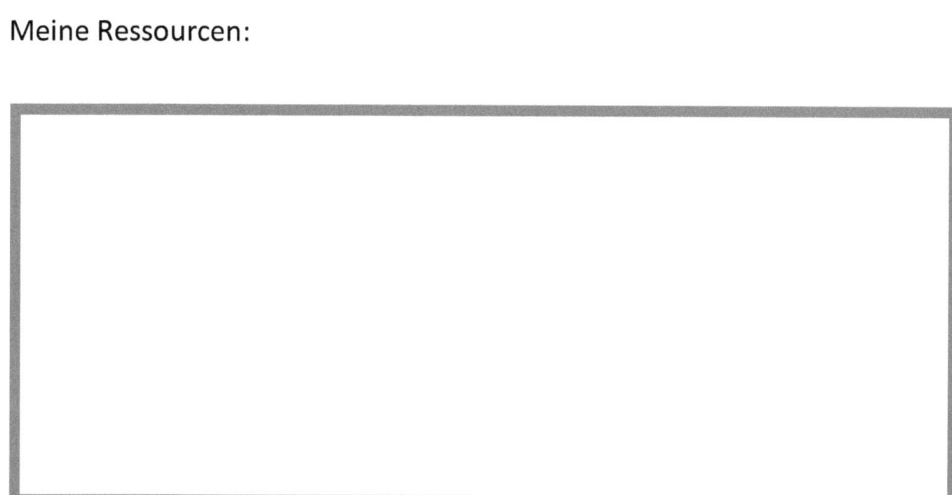

Diese Liste der Energiespender, Ihre Ressourcenliste, können Sie gut an Tagen nutzen, an denen Sie nicht gut "drauf" sind, an denen es Ihnen nicht so gut geht. Es fällt uns oft nicht ein, was uns wieder aufbauen könnte, wenn wir gerade ausgepowert sind.

Also schauen Sie auf die Liste.

Eine andere, ähnliche Übung dazu befindet sich im Kapitel „Wohlfühlen". Wo ist der Unterschied zwischen „sich wohlfühlen" und „Energie schöpfen"? Die Antwort ist individuell. Jeder Mensch empfindet anders, fühlt anders. In meinem letzten Workshop nannte eine junge Frau als Energiespender: eine Party-Nacht bis 5 Uhr morgens! Eine Kollegin von ihr brach stöhnend über dem Tisch zusammen: „Oh Gott, wie grässlich." Und genauso ist es mit den Übungen. Ähnliche Impulse bringen oft ganz unterschiedliche Ergebnisse. Auch unter Wohlfühlen versteht jeder Mensch etwas anderes.

Ein kleiner Ausflug in das Mentaltraining: Wir sind, was wir glauben!

> „Wir sind, was wir denken. Alles, was wir sind, entsteht aus unseren Gedanken. Mit unseren Gedanken formen wir die Welt."
> (Buddha)

Es geht dabei nicht darum, dass wir Dinge ausblenden oder „durch die rosarote Brille" sehen sollen. Durch negatives Denken oder Bewertungen entstehen negative Glaubenssätze, z. B. „Das wird ja doch nichts!". Im Unterbewusstsein sind diese Glaubenssätze bereits gespeichert und sie programmieren uns in unserem Denken und Handeln. Deshalb ist es wichtig, hinzusehen und zu unserem höchsten Wohl diese Glaubenssätze zu verändern. Glauben Sie an sich!

Jeder von uns hat das Recht auf ein zufriedenes Leben! Welcher Satz hindert Sie daran?

Wenn Sie morgens schon aufstehen und denken: „Der Tag wird blöd!", dann wird er Sie nicht enttäuschen. In Gedanken war es schließlich schon vorprogrammiert. Wenn Sie das Programm umschreiben wollen, machen Sie einen Test mit sich selbst.

Wie können Sie zu mehr Zufriedenheit gelangen? - Indem Sie Ihre Aufmerksamkeit trainieren. Auch wenn es Ihnen so erscheint, als hätten Sie bereits eine solche Trainingseinheit absolviert, es ist immer wieder ein anderer Blickwinkel, von dem aus Sie Ihr Denken und Ihr Handeln beleuchten können.

Machen Sie sich Folgendes zu Ihrer „Befreiung" bewusst:

Es ist Ihre Betrachtung, Ihre Bewertung, die die Dinge so erscheinen lässt, wie Sie es wollen. Zum Beispiel:

- Der Tee ist mir **zu heiß!**
- **Das Wetter deprimiert mich!**
- **Meine Nachbarin nervt mich immer!**
- Wenn ich nicht ins Büro kann, suche ich mir eine Vertretung für meine Arbeit. **Das erwarte ich von anderen auch!**

In jedem Satz steckt Stresspotenzial. Wenn Sie die Sätze umformulieren, können Sie ein entspannteres Leben genießen.

- Der Tee ließe sich auf eine angenehme Temperatur abkühlen: „Ich genieße meinen Tee!"
- Das Wetter ist heute gut für die Blumen, ich brauche nicht zu gießen.
- Meiner Nachbarin geht es möglicherweise nicht gut, das ist nicht mein Problem. Ich kann ihr aus dem Weg gehen, wenn ich will, oder mich nicht auf ein Gespräch einlassen.
- Ich habe eine **für mich** stimmige Arbeitsweise, das genügt.

Wie Sie die Sätze letztendlich für sich umbauen, das ist Ihnen überlassen. Die Antworten könnten auch anders sein. Wichtig ist: Sie formulieren positiv und bleiben bei den Erwartungen bei sich selbst. Die Nachbarin ist nicht für Ihre Gefühle verantwortlich, das sind nur Sie selbst. Und Sie können das entscheiden, Sie sollen das sogar selbst entscheiden.

Sie haben die Wahl! Jeden Tag auf´s Neue.

Energie folgt der Aufmerksamkeit

Die Energie, mit der wir Menschen uns unseren Herausforderungen und Problemen stellen, ist weder eine genetische Konstante noch Glücksache oder Zufall. Wir stecken unsere Energie in etwas hinein, wenn wir der Sache Aufmerksamkeit schenken. Es ist unser Bewusstsein, unser Denken, mit dem wir unsere Energie einsetzen. Wir denken den ganzen Tag zwischen 40.000 und 50.000 Gedanken, also können wir einige auch positiv und gewinnbringend für uns einsetzen.

Denken Sie von sich, dass Sie gut sind? Dieser Tag wird dann ein Gewinn werden.

Oder dass Sie ein Versager sind? Ihre Ausstrahlung, Ihre Energie ist dann entsprechend, und es ist günstig, das zu ändern.

Fällt Ihnen an dieser Stelle bereits ein Glaubenssatz ein? Was denken Sie über sich? Schreiben Sie ihn hier auf:

Und jetzt? Befreien Sie sich!

„Frei sein" bedeutet für uns in allererster Linie: Sich befreien von allem, was nicht guttut. Wenn Ihnen bewusst wird, was Sie als negativ bewerten, können Sie die Bewertung ändern oder auch die komplette Situation.

Bewusstes Ausatmen oder auch mal mit der Hand auf den Tisch schlagen, nach dem Motto: So, jetzt reicht es! Das könnte jetzt helfen.

Das alles ist Energie. Das eine raubt Energie, das andere bringt gute Energie. Haben Sie schon mal erlebt, wie Ihr Energielevel steigt, wenn Sie sich freuen?

Übung: Training der Aufmerksamkeit

1. Wie sind Sie heute aufgestanden? Was war Ihr erster Gedanke?

2. Gehen Sie Ihren nächsten Schritt bewusst:

Egal wo Sie hingehen, zum Einkaufen, in eine Sitzung, zu einer Freundin ... lächeln Sie, strahlen Sie Selbstbewusstsein, Freundlichkeit und Offenheit aus. Sie können auch „so tun als ob" – spielen Sie damit! Wie wäre es, wenn Sie schon Selbstbewusstsein oder Offenheit hätten? Was würden Sie dann tun, wie würden Sie gehen, wie wäre Ihre Haltung?

Tragen Sie Ihre Erfahrungen in die Tabelle ein und beobachten Sie sie in den nächsten Wochen.

Beobachtungen an anderen:

3. Beobachten Sie auch sich selbst! Hat sich Ihre eigene Stimmung verbessert? Wenn Sie dabei Ihre körperliche Reaktion beobachten können, ist das noch günstiger. Denn Sie werden fühlen, ob Sie entspannter und glücklicher sind.

Sie werden einen Teil Ihrer freundlichen Ausstrahlung für sich selbst generieren können und sind in Ihrem „So-Sein" auf dem Weg zu mehr Zufriedenheit. Schreiben Sie Ihre Erfahrungen hier auf.

Beobachtungen an mir selbst:

4. Die Bettkantenübung für den Abend:

Denken Sie drei positive Gedanken, bevor Sie schlafen gehen. Das bringt Ihnen einen ruhigen und ausgeglichenen Schlaf. Denken Sie an etwas Schönes: Etwas, das Sie geleistet, erlebt oder gedacht haben. Sollte Ihnen das schwerfallen, können Sie die Bettkantenübung aus dem zweiten Schlüssel (Wer bin ich?) auf Seite 30 und 31 noch einmal machen.

b) Resilienz

In diesem Kapitel ist es wichtig, den Begriff und den Hintergrund von Resilienz zu erklären. Resilienz ist die Fähigkeit zu Belastung und innerer Stärke. Die Psychologie nennt die Fähigkeit, trotz widriger Bedingungen zu wachsen, Resilienz.

Resiliente Menschen können auf belastende Situationen oder Umstände flexibler reagieren als andere. Sie besitzen eine psychische und mentale Widerstandskraft, die ihnen ermöglicht, Krisen unbeschadet zu überstehen und ihre innere Widerstandskraft zu trainieren. Sie empfinden Belastungen und Probleme nicht als solche, sondern eher als Herausforderungen. Sie sind selbstsicher, zuversichtlich und leistungsfähig. Dadurch sind sie auch sehr oft in schulischer und beruflicher Entwicklung selbstsicher und erfolgreich.

In jedem von uns schlummern ungeahnte Potenziale, die wir nur zu einem ganz geringen Anteil nutzen. Unser Bewusstsein und unsere Fähigkeit zur Selbstreflexion sind jederzeit erweiterbar, denn wir können unsere Möglichkeiten ergründen und neu entdecken, wenn wir Lust dazu haben und uns auf den Weg machen wollen.

Worum geht es bei der Resilienz?

Krisen gehören zum Leben. Ob es der Verlust des Arbeitsplatzes ist, eine finanziell angespannte Situation, persönliche Schwierigkeiten, gesundheitliche Probleme, Überbeanspruchung etc. Die Auswirkungen können vielfältig sein. Sie können uns in einen Engpass, eine Niedergeschlagenheit und Resignation bringen. Sie können aber auch dazu führen, sich im Leben neu zu orientieren.

Neue Erkenntnisse, neue Energie und Schöpferkraft, Mut zur Umsetzung und mehr Lebensfreude. Nach Rückschlägen wieder aufzustehen, zuversichtlich zu sein und den Blick kraftvoll in die Zukunft zu richten.

Ein resilientes System kann durchaus Unregelmäßigkeiten aushalten, um dann wieder in den geeigneten Zustand zu kommen.

Die gute Botschaft: Sie können es trainieren! Wie bei Job, Sport oder Hobby gilt: Sie sollten dranbleiben, wenn Sie Erfolg haben wollen. Resilienz ist keine angeborene Fähigkeit oder kein Talent, vielmehr Ressource und Kompetenz, die Sie ausbauen und weiterführen können. Der Glaube an die eigene Kraft gibt innere Stärke und bringt Ruhe und Gelassenheit mit sich.

Die sieben Säulen der Resilienz

1. **Optimismus:** Sie machen positive Erfahrungen mit Freunden und anderen Menschen. Richten Sie den Blick auf die positiven Erfahrungen. Achten Sie auf die Lösung und nicht auf das Problem. Wer optimistisch ist, betrachtet eine Krise als vorübergehend, und weiß, dass es vorübergehen wird.
2. **Übernehmen Sie Verantwortung** für eigenes Leben und Handeln.
3. **Vertrauen Sie in Selbstwirksamkeit und Selbstvertrauen.** Sie haben das Wissen, akzeptiert und geachtet zu werden und verfügen über genügend innere Stärke, um eine Lösung finden zu können.
4. **Hilfe annehmen können:** Bei Kindern sind das überwiegend die Eltern, die Unterstützung und Anleitung geben. Aber auch als Erwachsener ist es wichtig, dass wir um Hilfe bitten können und auch Hilfe annehmen können.
5. **Netzwerkorientierung**: Für Kinder ist es besonders wichtig, mindestens eine enge emotionale Beziehung zu einer oder mehreren Bezugspersonen, die Sicherheit und Zuverlässigkeit vermitteln, zu haben. Als Erwachsene haben wir enge emotionale Bindungen zu anderen Menschen und wissen, dass wir nicht alleine sind. Soziale Netzwerke sind besonders wichtig.
6. **Zukunftsorientierung:** Sie haben Ziele verfolgen diese.
7. **Lösungsorientierung:** Sie steigen aus der Opferrolle aus und bringen die Dinge zu Ende.

Diese internen und externen Ressourcen können Standbeine sein, auf denen der Mensch schwierigen Situationen begegnen kann. So gibt es vielfältige Möglichkeiten, an dem Bereich der inneren Stärke zu arbeiten.

Bewegung durch Sport gehört ebenfalls dazu. Walken, spazieren gehen, laufen oder schwimmen dient als Ausdauersport zur Verarbeitung von Stress und Verarbeitungsvorgängen im Gehirn. (EMDR: **Eye Movement Desensitization and Reprocessing**)

Es führt nichts an der Achtsamkeit für die Präsenz des Augenblicks vorbei, nämlich wie es mir geht und der Akzeptanz dessen, was ist.

Meditative Übung: Freundlichkeit ausstrahlen

Nehmen Sie einen tiefen Atemzug, entspannen Sie dabei sämtliche Muskeln, die Schulter, den Kopf, die Kiefermuskulatur, die Zähne und denken Sie:

„Alles was geschieht, ist zu meinem höchsten Wohl. Ich bin freundlich, und ich fühle mich freundlich, deshalb kann ich Freundlichkeit ausstrahlen."

Machen Sie diese Übung dreimal hintereinander ganz bewusst, ruhig und entspannt. Das geht überall, auch am Schreibtisch.

Meditative Übung: Energieball

Reiben Sie die Handflächen aneinander und formen Sie dann einen Energieball, indem Sie die Handflächen aufeinander gerichtet vor sich halten. Spüren Sie hinein, wie groß der Abstand ist. Wie groß ist der Energieball?

Was haben Sie gespürt? Manche spüren ein Kribbeln oder auch Wärme, die entsteht, manche Menschen spüren einen Widerstand.

Die Welt ist das, was Sie von ihr glauben.

Übung: Positive Energie und Gefühle feststellen mit der „Timeline" (Zeitlinie):

Ziel dieser Übung ist, Ihre innere Kraft und Ihr Selbstbewusstsein zu stärken. Diese Übung mache ich sehr gerne in meinen Kursen zur Resilienz. Wir haben bereits eine große Menge positives Potenzial in uns. Oft sehen wir nicht hin, oder finden es selbstverständlich, wie wir funktionieren. Aber ist es das wirklich?

Material: langes Seil oder Wollfaden, Moderationskarten und Stifte.

Ablauf: Schritt 1: Legen Sie das Seil oder den Wollfaden auf den Boden und fixieren Sie einen Punkt für Ihre Geburt und einen für die Gegenwart auf dieser Linie, die Ihr Leben darstellt.

Schritt 2: Gehen Sie Ihr Leben gedanklich durch und schreiben Sie jedes Ereignis jeweils auf eine Moderationskarte. Tragen Sie alle Ereignisse und Meilensteine in Stichworten auf den Karten zusammen, die Sie in Ihrer Entwicklung erfahren haben. Lenken Sie Ihr Bewusstsein auf das, was positiv ist, was Sie bereits alles erreicht haben. Nehmen Sie sich 20 Minuten Zeit!

- Schulzeit und Schulabschluss
- Sportliche Ereignisse
- Abschlüsse von Hobbys oder anderen Aktivitäten.
- Musikalische Vorträge
- Wann wurden Sie gelobt?
- Ausbildungszeit und Abschlüsse
- Der erste Tanzkurs und der Abschlussball
- Berufliche Ereignisse
- Die erste Liebe
- Ihre Heirat oder Ähnliches

Schritt 3: Platzieren Sie die Karten nach der zeitlichen Abfolge der Ereignisse entsprechend auf Ihrer Lebenslinie.

Schritt 4: Lassen Sie jetzt alles auf Sie wirken. Ändern Sie dazu auch den Blickwinkel, indem Sie sich auf den Punkt der Gegenwart stellen und auf Ihr Leben zurückblicken.

Schritt 5: Zum Abschluss dieser Übung: Seien Sie stolz auf das, was Sie bereits geleistet haben. Sei es auch nur eine kleine Sache. Sie dürfen stolz darauf sein, es gehört zu Ihren Fähigkeiten und Talenten. Es gibt Ihnen innere Stärke und Ihr Selbstvertrauen wird gestärkt. Das ist die Grundlage für Gesundheit und für einen Heilungsprozess. Es ist die Basis, um wieder Energie auftanken zu können.

Notieren Sie hier Ihre geleisteten Ereignisse:

Heilung kommt von jedem selbst. Der Coach oder Therapeut ist nur ein Impulsgeber.

Ihre positiven Glaubenssätze, Ihre Affirmationen

Eine tiefe, innere Entspannung ermöglicht mir, meine Sinne und mein Herz zu öffnen.

Es geht mir von Tag zu Tag besser.

Eine angenehme Kraft durchströmt meinen Körper und bringt mir neue Energie.

Schreiben Sie, wenn Sie möchten, eine oder mehrere dieser Affirmationen auf und hängen sich den Zettel sichtbar im Zimmer auf. Lesen Sie diese ab und an, es wird Ihr Energielevel erhöhen.

Wenn Sie sich insgesamt positiver, entspannter, freier, gelöster, auch sich selbst freundlicher sehen möchten, dann denken Sie öfter an diese beiden Übungen. Bestimmen Sie Ihren Tag selbst, mit kleinen Veränderungen.

Übung für den Morgen

Es ist eine ähnliche Übung zur Bettkantenübung aus Kapitel 2. Jedoch wieder etwas verändert: **Sie steuern hier bewusster!**

Schreiben Sie auf: Wie **wollen** Sie sich heute fühlen? Was **wollen** Sie haben und was **wollen** Sie erreichen?

Übung für den Abend

Lesen Sie Ihr Vorhaben vom Morgen noch einmal durch, ohne zu bewerten. Sicherlich wird es nicht immer eingetroffen sein, was Sie am Morgen aufgeschrieben hatten. Das macht nichts. Es geht darum, dass Sie Ihren gedanklichen Fokus auf das richten, was Sie „**wollen**". Sie bringen jetzt Ihre Willenskraft mit ein.

Wenn Sie die Übung vier Wochen lang durchführen, werden Sie sehen, wie sehr sich der Wille der Realität annähern kann.

Intensivierung mit der Kraft der Imagination (Vorstellungskraft)

Unsere Vorstellungskraft können wir gezielt einsetzen, um unsere Fähigkeiten und unsere Ziele zu imaginieren. Das bringt uns Kraft und Energie für uns und unsere Ziele.

Sie haben sicherlich schon einmal die Erfahrung gemacht, dass alleine die Vorstellung eines warmen Kaffees oder Tees innerlich ein wärmendes Gefühl kreiert hat. Wenn wir uns mit positiven Vorstellungsbildern beschäftigen, bringen wir uns in ein positives Gefühl, das uns Kraft und Sicherheit geben kann.

Luise Reddemann hat dieses Prinzip der positiven Imagination als Therapie für schwer traumatisierte Patienten entwickelt. Die Patienten sollten sich so oft als möglich mit positiven Vorstellungsbildern beschäftigen. Es entstand eine sehr wichtige Imaginationsübung, die „der sichere Ort" genannt wird. Diese Übung ermöglicht dem Anwender, die Sicherheit in sich selbst entwickeln und spüren zu können, indem er sich einen sicheren Ort intensiv vorstellt, der positive Empfindungen auslöst. Und zwar genau dann, wenn er in einer schwierigen Lebenssituation ist oder sich in einen besseren mentalen Zustand bringen möchte.

Wenn Sie aufgeschrieben haben, wie Sie sich fühlen wollen, was Sie haben wollen und was Sie erreichen wollen, dann stellen Sie sich gedanklich vor, Sie hätten es bereits erreicht.

Nehmen Sie sich hierzu 15 Minuten Zeit!

Holen Sie sich das Ziel gedanklich heran. Als Bild, das Sie sich vorstellen.

Versuchen Sie, sich hineinzudenken, welche Gefühle Sie haben, wenn es bereits real wäre. Nehmen Sie alle Sinne dazu, die Sie haben:

- Wie hört es sich an, wenn Sie Ihr Ziel erreicht haben?
- Wie riecht es und nach was riecht es?
- Gibt es einen Geschmack? Schmeckt es nach etwas?
- Welche Farben sehen Sie? Welche Konturen und Kontraste nehmen Sie wahr?
- Und spüren Sie noch einmal hinein. Wie fühlt sich das an?
- Können Sie ein bestimmtes Gefühl in Ihrem Körper wahrnehmen?

Sagen Sie laut „ja" zu diesem Szenario. So soll es sein!

Vielleicht haben Sie jetzt Lust, ein Bild dazu zu malen? Es würde Ihr Vorhaben weiter und intensiver verstärken.

Meditation: Negative Energie abgeben

Negative Energie abgeben in ein verwandelndes Feuer: Versuchen Sie in einem Moment der Stille, sich ganz bewusst auf Ihren Atem zu konzentrieren. Werden Sie dabei immer ruhiger und nehmen Sie Kontakt zu Ihrer inneren Welt auf.

Feuer hat die Macht, alles zu verwandeln. Stellen Sie sich eine Kerze vor. Diese Flamme hat eine unendliche Kraft. Stellen Sie sich eine Kerze in Ihrem Inneren vor, die für etwas sehr Positives und Wertvolles steht – für Ihr inneres Feuer, für Ihre innere Kraft.

Lassen Sie Ihr inneres Licht leuchten und verbinden Sie sich mit diesem Licht, das Ihnen Kraft gibt. Die Flamme weitet sich in Ihrem Körper aus und gibt Licht und Kraft auf allen Ebenen unseres Seins und in allen Zellen. Es ist ein wunderbares Gefühl, diese Kraft und Energie wahrnehmen zu können.

Feuer ist Energie und Transformation (Verwandlung). So können Sie alle alten Energien, Belastungen und Glaubenssätze, die nicht mehr dienlich sind, in dieses transformierende Licht abgeben. Liebe ist die größte Kraft, die alle Prozesse in Heilung bringen kann. Stellen Sie sich vor, wie alles Belastende im Licht und in dieser Flamme transformiert wird. Das Denken verändert sich positiv.

Sie können Ihren Atem zur Hilfe nehmen: Beim nächsten Ausatmen stellen Sie sich vor, wie alles Belastende, Alte, Unbrauchbare sich in diesem Licht verbindet und dort verwandelt wird in positive, friedvolle Energie – allein durch Ihre Willenskraft in Verbindung mit Ihrer Herzensenergie. Genießen Sie die Kraft, die Ihnen die neue, positive Energie gibt, und kommen dann mit Ihrem Bewusstsein langsam zurück in die äußere Welt.

Meditation: Ins Herz atmen

Öffnen Sie die Tür zu Ihrem Herzen, zu Ihrer Selbstliebe, zu Ihrem Glücklichsein.

Diese Übung hat heilende Wirkung, denn sie eröffnet uns die größte Kraft, die es gibt. Liebe. Dazu gehört selbstverständlich auch die Selbstliebe.

Setzen Sie sich entspannt hin, beide Arme liegen auf den Oberschenkeln und atmen Sie langsam ein und aus. Sie spüren, wie jegliche Spannung von Ihnen weicht. Schulter, Kiefer, Kopf und Beine, alles ist entspannt. Nehmen Sie nun Ihre rechte Hand und legen Sie sie auf Ihr Herz. Spüren Sie den Herzschlag, der Sie am Leben hält. Spüren Sie mit Liebe hinein, mit Wärme, und lassen Sie mit jedem weiteren Atemzug bewusst frische, neue Luft in Ihre Lungen. Das Herz ist gut versorgt. Spüren Sie, wie Liebe, Dankbarkeit und Freude dorthin fließt.

Lassen Sie einen Lichtstrahl mit der Farbe Ihrer Wahl dorthin fließen.

Wohlgefühl und tiefer, innerer Friede breitet sich in Ihnen aus. Es geht Ihnen von Atemzug zu Atemzug immer besser.

Meditative Übung: Kraft und Energie spüren

Sie stehen aufrecht und nehmen bewusst Kontakt zu Ihrem Körper auf. Spüren Sie hinein, vom Kopf über den Hals durch den Bauch, das Gesäß, die Beine bis hinunter zu den Füßen. Der Atem ist ruhig und gleichmäßig.

Jetzt spüren Sie den Kontakt zum Boden. Sie bewegen Ihren Körper langsam nach vorn, nach hinten, nach rechts, nach links, langsam und bewusst.

Jetzt bewegen Sie die Fußzehen nach oben, spreizen sie und pressen sie wieder auf den Boden. Versuchen Sie, den Fuß vorn langsam anzuheben, sodass Ihr Gewicht auf den Fersen ist. Spüren Sie bewusst hinein, Sie sind jetzt etwas nach hinten gelehnt.

Und nun lassen Sie einen liebevollen Gedanken durch Ihren Körper, ein Gefühl der Wärme und der Sicherheit, Ihre Füße tragen Sie. Die Füße geben Ihnen Halt. Sagen Sie im Stillen „Danke, dass ihr mich tragt und für mich da seid, wenn ich euch brauche." Spüren Sie die Liebe für Ihre Füße in diesem Moment.

Dann verbinden Sie sich gedanklich wieder mit der Erde. Sie stehen fest, kraftvoll und sicher mit beiden Beinen auf der Erde. Nehmen Sie einen tiefen Atemzug und kommen Sie wieder ins „Hier und Jetzt". Öffnen Sie die Augen.

Diese Meditationen und Übungen bringen Sie wieder ins innere Gleichgewicht. Genauso wie die Übung im Kapitel „Glück" fördern sie innere Heilung und sorgen für Glücksgefühle.

Der Blutdruck kann gesenkt werden. Angst, Stress, Nervosität, Anspannung, Gereiztheit können damit gemildert werden. Und es ist die innere Haltung, die sich verändern wird. Die Haltung für mehr inneres Gleichgewicht und innere Zufriedenheit

Weitere meditative Übungen

Malen Sie mit der Hand eine imaginäre, liegende Acht am Hinterkopf. Das bereinigt die beiden Gehirnhälften und bringt diese wieder in Einklang. Was spüren Sie dabei?

Genauso können Sie eine Acht über Kopf und Herz darstellen, dies wirkt sich positiv auf Ihre Ausgeglichenheit aus.

8. Schlüssel: Verantwortung übernehmen

Ziel: Raus aus der Opferhaltung. Werden Sie Regisseur Ihres Lebensdrehbuches und bestimmen Sie alles selbst.

Wann haben Sie das letzte Mal andere verantwortlich gemacht für etwas, was schief gelaufen ist? Ein danebengegangener Abend, ein Geschäft, das nicht zum Abschluss kam, die Kinder, die nicht funktionierten?

Was fällt Ihnen spontan ein?

Schreiben Sie auf, was nicht geklappt hat, und Ihre Gedanken dazu.

Versuchen Sie, die anderen aus dem Spiel zu lassen. „Ich bin so schlecht, weil meine Eltern ...". Nicht unsere Eltern, unser Vorgesetzter, unsere Kinder oder Partner, sondern **wir sind verantwortlich für uns selbst. Schärfen Sie das Bewusstsein für sich selbst.**

„Ich bin durch die Prüfung gefallen, weil der Prüfer einfach schlecht war." Falsch. „Ich bin durch die Prüfung gefallen, weil ich ... nicht genug gelernt habe." Es sind nicht immer die anderen. Dann bin ich schon wieder in der Opferrolle. Wenn ich mich oder mein Verhalten ändere, dann ändert sich die Sicht der Dinge, und damit auch die Situation mit ihren Handlungsoptionen für mich.

Ein anderes Beispiel: Sie bekommen Blumen als ein Dankeschön. Viele von uns sagen „Ach, das wäre doch nicht nötig gewesen." Warum??!

Sagen Sie einfach: "Dankeschön, ich freue mich sehr!"

Das hat eine doppelte Wirkung:

- Sie bekommen Power und eine Menge guter Gefühle.
- Und Ihr Gegenüber freut sich, weil er Ihnen eine Freude machen wollte und es ihm gelungen ist.

Übernehmen Sie Verantwortung!

Wenn Sie akzeptieren, was IST, können Sie die **Verantwortung übernehmen**. Das gibt gleichzeitig das Gefühl, dass Sie aktiv werden können. Ein gutes Gefühl. Raus aus der Opferrolle, raus aus der Passivität!!! Rein in die Rolle des Akteurs! Werden Sie selbst zum Regisseur Ihres Films. Verantwortung für die Krise, die Krankheit, die Firmensituation, ...

Schreiben Sie die Situation noch einmal auf und ändern Sie, wie ein Regisseur, diesen Film.

Beleuchten Sie die Situation noch einmal. Sie übernehmen selbst die Aktion dazu. Verändern Sie den Ablauf und übernehmen Sie bewusst die Verantwortung.

Schreiben Sie jede Gelegenheit auf, bei der Sie andere verantwortlich machen und ändern Sie den Ablauf ab. Sie können das immer dann tun, wenn Sie sich dabei ertappen, dass Sie andere für etwas verantwortlich machen, was Sie selbst hätten verändern können. Und seien es auch nur Ihre Gedanken. Schon ein Gedanke setzt die erste Ursache. Wie ist das für Sie? Fühlt es sich gut an?

Es geht hier um Bewusstmachung und um eine mögliche Änderung, es liegt in Ihrer Hand. Nur wenn Sie sich den Dingen bewusst werden, können Sie die Verantwortung übernehmen und sie ändern.

Verantwortung übernehmen für uns selbst.

Was würden Sie gern in Ihrem Leben machen, fürchten sich aber vor einem vermeintlichen Fehler?

Es ist besser etwas falsch zu machen, als gar nichts zu tun!

Wenn Sie eine Entscheidung getroffen haben, dann stehen Sie dazu. Eine falsche Entscheidung ist besser als gar keine, oder wenn man permanent damit hadert, was man alles tun könnte, müsste oder sollte. Wenn Sie etwas entschieden haben, dann haben Sie die Fernbedienung für Ihr Leben in der Hand. Und wenn es sich dann als falsch erweist, dann haben Sie an Erfahrungen gewonnen. Wer weiß, ob eine andere Entscheidung besser gewesen wäre.

Wenn Sie nicht entscheiden, dann haben Sie die Fernbedienung für Ihr Leben an andere Personen abgegeben. Jemand anderes wird die Entscheidung treffen (für Sie). Hilft Ihnen das? Möglicherweise geraten Sie in die Opferrolle?!

Der erste Schritt in Richtung Verantwortung

Dankbar nehmen wir wahr, dass wir Gefühle und Emotionen haben, die uns als Wegweiser dienen, wie wir uns fühlen und uns Hinweise über unseren Zustand geben. Wir ärgern uns beispielsweise schneller, wenn wir in einem unausgeglichenen Gefühlszustand sind. Wir empfinden von vorneherein ein gutes Gefühl, wenn die Sonne scheint, wenn wir sowieso gut gelaunt sind. Auf dem Weg zu unserem Lebensplan oder in unserem Lebensplan werden immer Dinge passieren, die gerade hineinpassen oder auch genau nicht.

Es hilft uns, wenn wir erkennen, dass wir zu einem großen Teil dieser Gegebenheiten die Verantwortung selbst übernehmen können.

Verantwortung übernehmen z. B., wenn wir bei einer Diät in Heißhunger über eine Tafel Schokolade herfallen. Oder wenn wir in der Agenda eine Menge „to do´s" stehen haben und das eine oder andere einfach mental wegstreichen. Oft wollen wir das nicht machen und schieben es vor uns her. Es kann auch sein, dass wir jemandem ziemlich heftig die Meinung sagen, weil wir das schon immer tun wollten und jetzt gerade mal das Fass übergelaufen ist. Oder, oder, oder …

Jeder kennt auch seine persönlichen Aktionen oder Vermeider, die er selbst hat. Hinterher ärgern wir uns über uns selbst.

Wenn wir Verantwortung dafür übernehmen: Ja, ich habe die Schokolade gegessen, weil ich das in dem Moment wollte. Ich habe so reagiert, weil … So ist es ein Annehmen der Sache an sich und ein Annehmen meiner Person selbst.

Es darf Frieden einkehren und das schlechte Gefühl, ich habe mich vermutlich über mich selbst geärgert, darf verabschiedet werden. Ich kann es beim nächsten Mal besser machen.

Ich habe selbst die Wahl, in zukünftigen Situationen anders zu reagieren.

Dieses gute Gefühl, die Wahl zu haben, nehmen wir mit in den heutigen Tag. Denn mit mehr Bewusstsein für mein Denken und Handeln kann ich besser Verantwortung übernehmen.

Ihre positiven Glaubenssätze, Ihre Affirmationen

Ich habe jeden Tag die Wahl, neu zu beginnen.

Es geschieht alles zu meinem höchsten Wohl.

Entscheiden Sie sich

Dazu streichen Sie den Satz durch, der nicht zu Ihnen passt und unterschreiben Ihre Willenserklärung.

1. Ich möchte weiterhin in der Opferrolle bleiben, weil ich nichts ändern muss. Ich brauche nichts zu machen.

2. Ich möchte aktiv werden, denn es geht mir besser, wenn ich selbstbestimmt bin.

Datum ……………

Unterschrift …………

Wer ist dafür verantwortlich?

Wer macht unsere eigene Realität?

Machen Sie das Beste daraus!

Leben Sie Ihr schönstes Leben!

Jetzt!

*„Es ist besser, ein kleines Licht anzuzünden,
als über die Dunkelheit zu schimpfen."*
(Laotse)

Für was möchten Sie heute gerne die Verantwortung übernehmen?

Selbstwert und Selbstsicherheit

Unsere Gedanken wählen wir selbst. Es sind unsere Werkzeuge, mit denen wir die Leinwand unseres Lebens gestalten.

Was ist änderbar und was ist nicht änderbar?

Tägliche Abläufe, Aufgaben und Herausforderungen, die Aufschub nicht zulassen, drängen uns zur Eile. Alles muss irgendwie erledigt werden. Die eigenen Gefühle und Bedürfnisse werden oft hintangestellt. Oder verdrängt. Wir tun vieles meistens, ohne zu hinterfragen: Warum mache ich das eigentlich?

Viele Menschen waren schon in der Kindheit darauf getrimmt, Gefühle zu unterdrücken und die Zähne zusammenzubeißen. Klischees haben mitgeholfen: „Ein Mann weint doch nicht." Auch nicht, wenn er fünf Jahre alt ist. Auch Frauen beherrschen den Verdrängungsmechanismus. Das vorgeschobene Denken: „Das geht doch jetzt nicht, wenn ich das sage, mache oder gar Gefühle zeige." Ganz schnell sind wir in der Verallgemeinerung: Wir müssen durchhalten und dann wird es schon. Dem einen oder anderen fehlt dann die Kraft zum Weitermachen.

Hier gilt es, zu unterscheiden:

Was kann ich ändern? Was ist nicht zu ändern? (Der Partner ist gegangen, der Job wurde gekündigt, wir können daran nichts ändern.)

„Gott, gib mir die Gelassenheit,
Dinge hinzunehmen, die ich nicht ändern kann,
den Mut, Dinge zu ändern, die ich ändern kann,
und die Weisheit, das eine vom anderen zu unterscheiden."
(Reinhold Niebuhr)

Verwenden wir keine Kraft in Dinge, die wir nicht ändern können, die uns überfordern und überlasten. Dann haben wir mit diesem Akzeptieren der Realität mehr Potenzial frei, um uns um Dinge zu kümmern, die änderbar sind. Fragen Sie an der Stelle nicht den Verstand, sondern das Gefühl, die Seele: „Wie fühlt sich das an?" Der Verstand würde raten, alles zu tun. Sich anzupassen, den Erwartungen gerecht zu werden. Sie selbst werden zum Packesel, der noch schnell dies und das macht, zwischendurch Einkäufe erledigt etc. Immer geht noch mehr drauf, bis er zusammen bricht.

Wer belädt denn diesen Esel? Sind es die äußeren Verpflichtungen und Aufgaben? Oder eigene gut gemeinte Hilfsbereitschaft und Perfektionsansprüche?

Oder unterschwellige Konflikte, Zwänge oder Ängste? Ist Versagensangst mit dabei? Es ist ein sorgfältig zusammengetragenes Paket an Belastungen, die man irgendwann nicht mehr aushalten kann. Viele Menschen scheuen sich hinzuschauen, da es die Angst vergrößern könnte. Sie haben Angst vor der Angst. Es könnte auch die Ausweglosigkeit verdeutlichen und den Schmerz vergrößern oder auch der Gedanke, man könne sowieso nichts ändern. Meine Erfahrungen mit Klienten haben gezeigt, dass ein Anschauen und Besprechen der Belastungen schon die erste Erleichterung bringt. Es bringt Klarheit und Handlungsoption mit ins Spiel. Oft dauert es eine ganze Zeit, bis man bereit ist, die Verantwortung zu übernehmen und etwas ändern zu wollen.

Die Entscheidungsfrage und auch die Verantwortung sind jetzt geklärt.

Von der äußeren Welt in die innere Welt

Wir haben die Dinge im Außen beleuchtet. Bei genauerer Betrachtung stellen wir fest, dass es eine ganze Menge wichtiger Begriffe gibt, die ich im Folgenden etwas genauer beleuchten möchte: **Selbstwert, Selbstbehauptung, Selbstachtung, Selbstsicherheit, Selbstannahme, Selbstvertrauen und Selbstmitgefühl.**

Unser **Selbstwertgefühl** und unsere **Selbstbehauptung**: Ein kleiner Junge, der in einem Seminar bei mir war, erklärte am Frühstückstisch seinem Vater: „Papa ärgere dich nicht, wenn du jetzt zur Arbeit musst. Das ist nur die äußere Welt. Wichtig ist doch, wie es in deiner inneren Welt ist." Respekt, das sind große Worte, über die ich mich sehr gefreut habe, als die Mutter mir das erzählte.

Wie können wir uns stärken? Unsere innere Welt?

Auf der einen Seite ist es die Selbstüberschätzung, unter der manche Menschen leiden, und auf der anderen Seite das Minderwertigkeitsgefühl. In der Mitte ist das **ausgewogene Selbstwertgefühl**. Das, was wir über uns selbst denken.

Dazu stellen Sie sich folgende Fragen:

1. Was bin ich „wert" und wie viel?
2. Welchen Maßstab setze ich selbst dafür? Das Geld, den Erfolg, die Anzahl der „Follower" auf den Internetplattformen?
3. Und **WER** setzt den Maßstab? Mache ich das selbst? Oder bestimmen das andere für mich?

Platz für Ihre Notizen:

Selbstwert hat viel mit **Selbstachtung** zu tun.

> *„Wer „A" sagt, muss nicht „B" sagen, wenn er erkannt hat, dass „A" falsch ist!*
> (Berthold Brecht)

Achte ich selbst genug auf mich? Meine Ziele, meine Wünsche, meine Bedürfnisse, meine Gesundheit?

Und natürlich die **Selbstannahme**! Mögen Sie sich, wie Sie sind!? Nehmen Sie die Situation so an, wie sie ist? Akzeptieren Sie die Realität!?

Niemand ist perfekt. Auch wenn es immer so aussieht. Die Menschen posten im Internet immer nur die besten Ereignisse. Keiner schreibt auf der Internetplattform, dass es ihm nicht gut geht. Die wenigsten Menschen sind wirklich hundertprozentig zufrieden. Seien Sie gnädig mit sich.

Es darf Ihnen auch mal nicht gut gehen!

Nehmen Sie es an, und sorgen Sie für sich! Also, kein Selbstmitleid, denn damit sind Sie passiv, halten es aus und fühlen sich in der Opferrolle. Und eine solche Haltung hat die Wirkung, dass Sie sich nicht nur so fühlen, sondern dies auch ausstrahlen. Somit ist es also doppelt so schlimm. Nehmen Sie es an, wie es ist, mit dieser Haltung wird sofort der Druck, die Belastung weniger. Dann wird es besser gehen.

Selbstwert und **Selbstbehauptung:** Zu sich selbst zu stehen, ist oft gar nicht so einfach. Wir können auch dies üben, mit den kleinen Dingen zu Beginn, um dann immer weiter in die eigene Kraft und Stärke zu kommen. Der schöne alte Spruch: „Es ist noch kein Meister vom Himmel gefallen", sagt alles aus. Das Selbstwertgefühl beeinflusst jede Entscheidung, die wir treffen. Jede Handlung und alles, was wir sagen. Wenn wir uns selbst wertschätzen, beeinflusst das also alles, was wir tun. Mit der folgenden Übung wird es Ihnen immer leichter fallen.

Training des **Selbstwertgefühls**: Welche Eigenschaften mögen Sie an sich?

Trainieren Sie, diese Eigenschaften zu schätzen.

Sie können sich ein „Post-it" schreiben: „Ich mag an mir ..."

Zählen Sie ein paar Eigenschaften auf. Dann hängen Sie diesen Zettel gut sichtbar wieder auf und schauen die nächsten 21 Tage darauf, möglichst zweimal täglich. Sollten Sie ein Einstellungsgespräch oder auch einen Recruiting-Termin haben, werden Ihnen die Begriffe mit Leichtigkeit einfallen.

Mehr noch: Sie werden mit einer **Selbstsicherheit** und mit Überzeugung sagen, für was Sie stehen. Nicht, weil Sie es auswendig gelernt haben, sondern weil Ihre innere Kraft gestärkt ist. Weil Sie sich dessen, was Sie gut können, womit Sie die Menschen und sich selbst begeistern können, von innen heraus sicher sind.

Selbstwert und **Selbstvertrauen**: Zu sich selbst stehen und sich selbst vertrauen, dazu gibt es eine schöne Geschichte:

Zwei Samen lagen Seite an Seite in der fruchtbaren Frühlingserde. Der erste Samen sagte: „Ich will wachsen! Ich will meine Wurzeln tief in die Erde unter mir aussenden und meine Sprossen durch die Erdkruste über mir stoßen ... Ich will meine zarten Knospen entfalten wie Banner, um die Ankunft des Frühlings zu verkünden ... Ich will die Wärme der Sonne auf meinem Gesicht und den Segen des Morgentaus auf meinen Blütenblättern spüren!" Und so wuchs er. Der zweite Samen sagte: „Ich habe Angst. Wenn ich meine Wurzeln in den Boden unter mir aussende, weiß ich nicht, was mir im Dunkeln begegnet. Wenn ich mir meinen Weg durch die harte Erde über mir bahne, könnte ich meine empfindlichen Sprossen verletzen ... Was ist, wenn ich meine Knospen sich öffnen lasse, und eine Schnecke versucht, sie zu fressen? Und wenn ich meine Blüten öffne, könnte ein kleines Kind mich aus dem Boden reißen. Nein, es ist viel besser für mich zu warten, bis es sicher ist."

Und so wartete er. Eine Hofhenne, die im Boden des ersten Frühlings nach Futter umher scharrte, fand den wartenden Samen und fraß ihn prompt. Moral von der Geschichte: Jene von uns, die sich weigern, etwas zu riskieren und zu wachsen, werden vom Leben verschlungen.
(Patty Hansen: Jack Canfield/Mark Victor Hansen: Hühnersuppe für die Seele, München: Goldmann, 1997, S. 165)

Selbstmitgefühl: Was ist denn Selbstmitgefühl nun wieder? Wir bringen unseren Mitmenschen Mitgefühl und Fürsorge entgegen. Aus uns heraus kommt das Gefühl, helfen zu wollen, Mitgefühl zu zeigen und „da zu sein". Leider haben die Wenigsten von uns gelernt, diese Fürsorge auch für sich selbst zu zeigen. Das bedeutet, in Momenten, in denen wir überfordert werden, dies zu erkennen. Wenn wir verletzt werden, dies ebenfalls zu erkennen.

Eine Art Wohlwollen und Fürsorge zu entwickeln, und sich aus der Situation (z. B. Stress) herauszunehmen, oder bei Überforderung sich Hilfe zu holen. Auch hier wieder in Balance sein, und sowohl für die eigenen Wünsche und Bedürfnisse zu sorgen, als auch für die der anderen. Das ist ein wichtiger Bestandteil sozialer Kompetenz. Wenn Sie mit Menschen zusammenarbeiten, ist das ein ganz wichtiger Bestandteil, um kompetent miteinander umgehen zu können.

Erkennen – Akzeptieren – (und gegebenenfalls) Verändern

Selbstmitgefühl können Sie trainieren:
- Achtsamkeit (Kapitel fünf), um das Gefühl für den Moment zu bekommen und die Dinge besser und mit mehr Gelassenheit nehmen zu können.
- Freundlichkeit für sich selbst, damit auch mehr Akzeptanz für die Dinge, wie sie sind.
- Gnädig mit sich umzugehen und sich selbst loben für das, was Sie schon alles geschafft und geleistet haben.
- Mitgefühl für die Menschen zu haben und alle Lebewesen macht uns gefühlvoll. Jemand, der mitfühlen kann, hat kein kaltes Herz. Genauso dürfen Sie auch in Bezug auf sich selbst denken.
- Zu sich selbst stehen: Ja, ich habe heute Kopfschmerzen, deshalb sorge ich für mich.

Wenn Sie das schaffen, haben Sie einen neuen Freund. :-)

Sich selbst.

In welchen Bereichen möchten Sie in der kommenden Woche Selbstfürsorge zeigen und Selbstmitgefühl?

```
┌─────────────────────────────────────────────────────────────┐
│                                                             │
│                                                             │
└─────────────────────────────────────────────────────────────┘
```

Jetzt behaupten Sie sich, stellen Sie sich der Situation. Sie haben bis jetzt schon etliche Werkzeuge und Schlüssel erobert, so können Sie diesen Schritt ebenfalls tun. Erobern Sie sich den Verantwortungsschlüssel. Sie sind bereit für das Leben, für Ihr Leben!
Tschakka!!!! (Oder was auch immer Ihr Schlachtruf an dieser Stelle sein könnte)

Stellen Sie sich der Situation als Chef, Patient, Partner oder Verantwortlicher und schreiben Sie Ihren Film um! In die von Ihnen gewünschte Richtung.

Formulieren Sie jetzt Ihre Ziele! Das haben wir bereits im ersten Kapitel gemacht. Doch ist es nicht selten, dass Menschen, die ihren Blickwinkel verändern, auf einmal völlig neue Impulse, Ziele, Veränderungen und Wünsche haben. Überprüfen Sie es. Zum Beispiel:

Ich will gesund werden!
Ich will erfolgreich sein!
Ich will meine Firma umstrukturieren!

```
┌─────────────────────────────────────────────────────────────┐
│ Ich will ...                                                │
│                                                             │
└─────────────────────────────────────────────────────────────┘
```

Die Kraft Ihres Willens, zusammen mit Ihrer Schöpferkraft, führt Sie zum Ziel.

Jeder Tag ist ein neuer Tag. Ein unbeschriebenes Blatt, das mit Ihren Erlebnissen gefüllt werden will. Wir haben für jeden Tag die Schöpfungsenergie in uns, um daraus einen neuen Anfang zu machen. Und wir haben den freien Willen, den wir einsetzen können. Es gibt viele Studien, die diese innere Erlebniswelt unter die Lupe genommen haben.

Der US-amerikanische Psychotherapeut und Autor Nathaniel Branden sieht bei der Entwicklung eines gesunden Selbstwertgefühls die folgenden sechs Säulen für hilfreich, um für das persönliche Glück und auch die berufliche Karriere selbst zu sorgen und sich selbst zu fördern.

Die sechs Säulen des Selbstwertgefühls

1. Bewusstes Leben. (Das tue ich, weil …)
2. Selbstannahme. (Das bin ich. So bin ich und ich kann mich ändern.)
3. Eigenverantwortliches Leben. (Verantwortung für Erfolg und Misserfolg übernehmen. Es sind nicht immer die Prüfer Schuld, wenn ich durch die Prüfung gefallen bin.)
4. Selbstsicheres Behaupten der eigenen Person. (Das ist meine Meinung, die kann sich auch ändern. Ich lasse nicht alles mit mir machen, mit mir nicht …)
5. Zielgerichtetes Leben. (Was will ich? Was sind meine Ziele, die ich anstrebe?)
6. Persönliche Integrität. (Sich selbst treu sein. Seine Werte leben. Seine Fahne nicht in den Wind hängen.)

9. Schlüssel: Loslassen

Wollen Sie einiges aus Ihrem Rucksack, den Sie durch Ihr Leben tragen, loswerden? Ihn leichter machen und sich etwas entlasten? Last abgeben? Und auch alles, was unnütz geworden ist, was Ihnen als alte Gewohnheit nicht mehr dienlich ist?

Es gibt einige Bücher, die sich nur mit diesem Thema beschäftigen. Der Bereich des Loslassens ist einerseits sehr befreiend, andererseits setzen Sie sich hier noch einmal mit dem, was Sie belastet, auseinander.

Wir wollen uns bewusst entlasten. Abschaffen alter Verhaltensmuster, Denkweisen und Sichtweisen, die uns und Beziehungen zu anderen Menschen belasten.

Welche Dinge, Gedanken, Handlungen möchten Sie gerne verabschieden?

Stellen Sie sich vor, Sie wären ein Haus. Über all die Jahre haben seine Bewohner viel hineingestellt, dazugestellt, angesammelt, und manche Dinge passen gar nicht zueinander. Im Schlafzimmer müsste mal wieder gelüftet werden. Machen Sie gedanklich das Fenster auf und lassen Sie frische Luft hinein. Spüren Sie den frischen Luftzug und die frische, neue Energie. Dann gehen Sie durch die Räume und lassen Sie jeden einzelnen auf sich wirken. Welche Bilder hängen an den Wänden? Wie ist die Einrichtung? Was sollte dort bleiben und was sollte hinaus? Vielleicht haben Sie auch alles satt und werfen alles hinaus. Dann richten Sie es neu ein. So, wie Sie es gerne hätten.

Wie fühlen Sie sich?

Machen Sie das gleiche mit Ihrem Leben. Das, was nicht mehr passt, darf gehen. Das, was verändert werden sollte, kann angesprochen, angeschaut und verändert werden.

Wie sollten die Dinge, Gedanken, Handlungen stattdessen sein?

Stolpersteine

Wenn uns das Leben zum Stolpern bringt, dann sollten wir kurz innehalten und uns fragen, was wir daraus lernen könn(t)en. Könnten, wenn wir wollten. Das wäre der optimale Umgang mit unliebsamen Begegnungen oder Gegebenheiten.

Das hätte auch den Vorteil, dass wir in der Akteursrolle sind und nicht in der Opferhaltung. Wir sind jederzeit handlungsfähig.

Jeder Mensch hat seine eigene Geschichte mit Erlebnissen, die ihn belasten, die er gerne loslassen oder verändern möchte. Sie sind damit definitiv nicht alleine. Manchmal ist es gut zu wissen: Jeder hat sein Päckchen zu tragen, nicht nur ich alleine.

Ich gehe hier jetzt auf die gängigsten Muster ein.

1. Stolperstein: Zeitmanagement

Viele Menschen haben das Zeitmanagement als Problem. Sie können sich jetzt eine Liste machen, mit sieben Tagen in der waagerechten und zehn Spalten senkrecht, nach unten. Dann tragen Sie für jeden Tag ein, was Sie zu welchen Zeiten machen. Machen Sie sich bewusst, welche Zeit für Sie selbst zu gestalten ist, und welche feststeht, durch Arbeit, Schule oder Ähnliches. Eine Tabelle für Ihre persönlichen Notizen finden Sie auf der übernächsten Seite.

Vielleicht haben Sie sehr viele Fahrzeiten oder Wartezeiten, dann könnten Sie diese nutzen, um Hörbücher zu hören oder auch andere Dinge aus Ihrer Ressourcenliste (7. Schlüssel) tun. Sie können natürlich keine Joggingrunde machen, während Sie morgens im Stau stehen. Aber vielleicht ist etwas anderes dabei, was Ihnen diese Zeit sinnvoll erscheinen lässt. Vokabeln lernen für die Sprache, die Sie schon immer einmal lernen wollten. Oder vielleicht haben Sie auch Ideen für ein eigenes Buch?

Trällern Sie Ihr Lieblingslied, oder machen Sie Pläne für das Wochenende, die Sie in dieser Zeit fixen könnten. Was auch immer, seien Sie kreativ.

Eine Übung, die Sie auch meditativ machen können

Beobachten Sie aus der Vogelperspektive, beobachten Sie von außen, oder von oben, wie die Situation oder die Lage ist. In Kapitel fünf, der Achtsamkeit, habe ich diese Metaebene bereits angesprochen. Sie bekommen einen anderen Blickwinkel und auch Abstand zu dem, was Sie gerade beschäftigt oder überfordert.

Sind Sie gerade mit mehreren Dingen gleichzeitig beschäftigt? Die volle Aufmerksamkeit oder Konzentration für eine Sache können Sie nur haben, wenn Sie nicht mehrere Dinge gleichzeitig erledigen wollen. Dröseln Sie alle Dinge auf und machen aus jeder Angelegenheit eine eigenständige Sache. Telefonieren, mit den Kindern spielen, Zeitung lesen, Mails checken, mit der Mutter telefonieren und was sonst noch in Ihrem Aufgabenbereich liegt. Sie bekommen mehr Ruhe und können Ihre Aufgaben besser erledigen, wenn Sie „bei der Sache" sind.

Aufgabe	Zu erledigen bis (Datum/Uhrzeit)

Meine persönliche Tagesplanung

	Montag	Dienstag	Mittwoch	Donnerstag	Freitag	Samstag/ Sonntag
08:00						
09:00						
10:00						
11:00						
12:00						
13:00						
14:00						
15:00						
16:00						
17:00						
18:00						
19:00						
20:00						

Schreiben Sie in die Tabelle die Dinge hinein, die Sie erledigen möchten und machen Sie sich so bewusst: „Was will ich eigentlich?"

2. Stolperstein: Sorgen und Ängste loslassen

Wir können nicht in die Zukunft sehen.
Oder? Können Sie das?

Die Pubertät der Kinder ist das beste Beispiel: Viele Menschen haben etwas Gruseliges dazu zu melden. Es macht dann alles noch gruseliger. Wir haben zwar keine Ahnung, was auf uns zukommt, aber jeder sagt, dass es furchtbar wird, also machen wir uns auf das Schlimmste gefasst. Wir wissen zwar nichts dazu, weil unsere Kinder noch zu klein sind und wir noch keine eigenen Erfahrungen haben, unsere eigene Kindheit auch generationsbedingt nicht „aktuell" ist, haben aber jetzt Vorstellungen. Von den Erzählungen anderer!

Statt dass wir das Thema auf uns zukommen lassen und abwarten, wie es denn werden wird, sind wir voreingenommen und möglicherweise überträgt sich das schon in unseren Reaktionen und Handlungen auf unsere Kinder. Wird unsere Tochter die Kommunikation einstellen? Mit falschen Leuten „chillen" oder gar Drogen nehmen? Wenn unsere Kinder nach ca. fünfzehn Jahren dann nicht dem Rauschgift verfallen sind oder die Schule geschmissen haben, dann hatten wir uns zwar Gedanken gemacht, aber wir hatten Glück. Hatten wir das wirklich? Mit schlaflosen Nächten und panischer Angst, dass etwas passieren könnte?

Wir haben uns Gedanken und Vorstellungen gemacht um Dinge, die in der Zukunft liegen. Und darauf haben wir keinen Einfluss. Wir haben nur Einfluss auf die Dinge, die jetzt passieren.

Zweites Beispiel: Herr P. arbeitet in einem Unternehmen. Es könnte sein, dass sein Chef nicht zufrieden mit ihm ist. Möglicherweise kündigt er ihm. Warum sollte er sich darum sorgen, wenn der Fall noch nicht eingetreten ist? Was könnte er stattdessen in diesem Moment tun?

Er könnte über die Möglichkeiten nachdenken, die er jetzt hat.

Vielleicht könnte er eine Fortbildung besuchen. Wenn es ihm Lust und Freude bringt, ist es eine Möglichkeit, zwei Fliegen mit einer Klappe zu schlagen:

- er macht etwas, was ihm Spaß macht,
- er bildet sich in einem Bereich weiter, mit dem er seine Entwicklung am Arbeitsplatz positiv stützt.

Drittes Beispiel: Sie haben sich auf eine Prüfung vorbereitet und machen sich Sorgen, ob Sie das schaffen werden. In Ihren Vorstellungen mag die Prüfung schwierig sein. Aber Sie wissen das nicht. Es liegt in der Zukunft. Auch wenn es morgen ist, es ist noch nicht da. Sie können sich Sorgen machen, wissen aber nicht, wie es werden wird. Morgen kommen möglicherweise leichte Fragen und Sie lachen hinterher, weil in Ihren Vorstellungen alles schlimm war.

Viertes Beispiel: Eine Beziehung ist zu Ende, Ihr Partner hat Sie verlassen. Sie sind traurig und können sich ein Leben ohne ihn nicht vorstellen. Sie malen sich die Zukunft beklemmend alleine aus. Aber wie wird es wirklich werden? Sie wissen es nicht. Nach einem halben Jahr sagen Sie möglicherweise: „Gott sei Dank, ist alles zu Ende, er/sie hat mir die Luft zum Atmen genommen. Wie gut geht es mir jetzt!"

Fünftes Beispiel: Die Diagnose einer Krankheit. Auch hier haben wir oft Vorstellungen und Befürchtungen, was die Zukunft bringen könnte. Von einer eventuellen falschen Diagnose mal abgesehen, wissen wir den Krankheitsverlauf vorher noch nicht. Oft höre ich im Nachhinein von Menschen: „Ja, die Diagnose war schlimm. Aber durch meine Krankheit sehe ich jetzt manche Dinge anders und lebe viel bewusster. Ich bin dankbarer geworden. Und wer weiß, wo ich gelandet wäre, wenn ich so weitergemacht hätte."

„Sorge dich nicht vor der Zeit."
(Epiktet)

Sorgen Sie sich nicht um Dinge, die möglicherweise nicht eintreten.

Sie leben jetzt. Das Jetzt hat Gültigkeit und sonst nichts.

Fazit: Sorgen wir uns um das, was wir tatsächlich ändern können.

Der ständige Ärger!

Es gibt Menschen, die sich sehr schnell ärgern, und andere scheinen immer ruhig und gelassen zu sein. Wie ist das möglich? Wie kann man ein besseres Gelassenheitspotenzial erreichen?

Der erste Ansatz ist wieder die **Bewertung der Situation**. Wenn Sie gut gelaunt ins Theater gehen und jemand rempelt Sie im Gedränge an, ist es häufig so, dass spontane Verärgerung auftritt. Die gute Laune ist weg. Wenn Sie dann feststellen, dass der Mensch eine Gehbehinderung hat, ist der Ärger sofort verflogen.

Das heißt, Sie haben bewertet.
Angeschubst – Der Blödmann – Ärger :-(
Angeschubst – Oh, er ist gehbehindert – Macht nichts. :-)

Wenn Sie vor dem Haus keinen Parkplatz finden, können Sie sich ärgern oder es lassen.

Wie wäre die Idee, mit einem guten Vorsatz zu beginnen?

„In Zukunft will ich mich weniger ärgern."

Ihr positiver Glaubenssatz, Ihre Affirmation:

Ich bin ruhig und gelassen bei allem, was geschieht.

*Ich atme ruhig und gelassen,
ganz bewusst ein und wieder aus.*

Mein Trainingsfeld – Supermarkt an der Kasse: Wenn Sie in der Reihe stehen und schlecht gelaunt sind, mürrisch oder auch aggressiv, dann beobachten Sie, was zurückkommt. Wird sich jemand trauen, freundlich zu sein? Sicher nicht. Sie werden das ernten, was Sie gesät haben. Wenn Sie dazu noch einmal nachlesen wollen, eignet sich die Übung in Kapitel sechs: Wahrnehmung.

Und die Ängste?

Wenn ein Kind Angst vor einem Hund hat, sagen Erwachsene oft: „Du brauchst keine Angst zu haben." Meinen Sie, das würde dem Kind die Angst nehmen?

Angst ist eine natürliche Schutzfunktion in uns. Sie macht uns in Gefahrensituationen wachsam und schützt uns vor Leichtsinn. Wenn wir nachts im Dunklen an der Bushaltestelle stehen und plötzlich Geräusche hinter uns hören, dürfen wir durchaus ängstlich sein, vorsichtig sein, damit wir uns schützen können. Ängste sind ein Ausdruck von Furcht und mangelndem Selbstvertrauen. Der Adrenalinspiegel steigt, wir wollen uns vor der drohenden Gefahr schützen.

Das Gegenteil, nämlich sich extrem in Sicherheit zu fühlen, könnte dazu führen, dass wir sorglos über die Straße gehen, in dem sicheren Bewusstsein, die Autofahrer passen schon auf. Die gesunde Mitte, das Abwägen von extremer Angst und völliger Sicherheit kann hier zielführend sein. Eine ausgewogene Sicherheit und Vertrauen in das, was ist.

Ein ausgewogenes Selbstvertrauen!

Schauen Sie sich Ihre Angst an. Fragen Sie sie, woher sie kommt. Beobachten Sie Ihre Reaktionen. Angst hat eine Ursache. Ist die Ursache bearbeitet, kann die Angst losgelassen werden. Beobachten Sie Ihre Angst in der entsprechenden Situation. Und richten Sie Ihre Aufmerksamkeit auf den Atem. Unser Angstzentrum sitzt im Gehirn, in der Amygdala. Wenn Sie Ihre Aufmerksamkeit auf den Atem lenken, wird das den Erregungszustand senken können.

Es sind nicht die Dinge an sich, die uns beunruhigen, sondern unsere Gedanken, was alles sein könnte! Die Sichtweise kann jeder Mensch selbst wählen. Wie bereits bei den Sorgen erwähnt: Wenn Sie sich auf eine bevorstehende Prüfung vorbereitet haben, können sie morgens voller Angst und Sorgen aufstehen und in diesem Zustand dorthin fahren.

Oder aber, Sie sind zuversichtlich, es wird schon werden. Sie sind der Schöpfer Ihrer Gedanken! Ändern Sie bewusst das Muster, die Angst oder der Ärger werden weniger werden.

Bringen Sie es in folgender Übung auf den Punkt: Bewertungen verändern.

Worüber ärgern Sie sich manchmal oder öfter? Wovor haben Sie Angst?

Situation	Meine Sichtweise	Bessere Sichtweise	Ändert sich das Gefühl?
Prüfung	Ich schaffe das eh nicht.*	Wird schon gut werden.	ja
Parkplatz	Ich finde eh keinen Parkplatz.	Mal sehen, ansonsten fahre ich ins Parkhaus.	?
Meine Kollegin hat mich heute nicht begrüßt.	Das ärgert mich, ich bin doch auch freundlich!	Vielleicht hat **sie** ein Problem, ich bin weiter freundlich.	?

* Vorsicht bei selbsterfüllenden Prophezeiungen!

Wenn wir uns einreden, dass wir etwas nicht schaffen, glauben wir am Ende noch selbst daran. Und was denken Sie, tritt dann ein?

Eine andere Möglichkeit, mit der Angst umzugehen:

Wenn Sie bemerken, dass die Angst in Ihnen aufsteigt, nehmen Sie es bewusst wahr. Sie können sich bei der Angst bedanken: „Danke Angst, dass du da bist, um mich vor einer möglichen Gefahr zu schützen. In diesem Moment gibt es keine Gefahr. Ich lasse dich jetzt los."

Eine kleine Handbewegung, als wollten Sie die Angst wegschicken, kann Ihnen als Geste helfen. Probieren Sie es aus, vielleicht hilft es Ihnen weiter.

3. Stolperstein: Gewohnheiten verändern

Wir gehen unseren gewohnten Gang, tagein, tagaus. Teilweise funktionieren wir schon aus dem Unterbewusstsein. Sicher kennen Sie das Gefühl beim Autofahren, wenn man so wunderbar in seinen Gedanken ist, und auf einmal sieht man die rote Ampel. Wie automatisch geht der Fuß auf die Bremse, Kupplung, wir nehmen den Gang heraus und stehen. Haben wir das bewusst gemacht? Oder automatisch?

Ich habe im Kapitel Achtsamkeit bereits davon geschrieben. Hier wollen wir jetzt einen Schritt weiter gehen als „nur" beobachten, was genau der heilige Moment der Präsenz für uns anbietet. Wir sprechen hier von Gewohnheiten, von Ritualen, aus denen man schlecht wieder herauskommt. Wenn sich Gewohnheiten bereits eingeschlichen haben, ist es etwas schwieriger „Nein" zu sagen. Es bedarf mehr Kraft, aber es ist in jedem Fall lohnenswert, denn es macht Ihr Leben für Sie selbstbestimmter und bringt für Sie selbst mehr Wertschätzung.

Erstes Beispiel: Es bittet uns jemand, z. B. ein Familienmitglied, etwas zu tun. „Fährst du heute nach der Feier nach Hause? Dann kann ich etwas trinken." Wir tun es. Manchmal automatisch, ohne nachzudenken. „OK"

Vielleicht hätten wir auch gerne etwas getrunken. Die letzten fünf Male war es aber so, dass er/sie immer gefahren ist, also die Macht der Gewohnheit, so auch heute.

Zweites Beispiel: Sie fahren Ihr Kind drei- bis viermal hintereinander zum Tennistraining, obwohl es auch mit dem Fahrrad fahren könnte oder mit dem Bus. Beim fünften Mal steht das Kind automatisch da, weil es denkt, Sie fahren jetzt. Gewohnheit!

Also, bevor Sie lange herumdiskutieren, fahren Sie halt. Jetzt sind Sie in einem wunderbaren Gewohnheitskreislauf, der sich immer wiederholen wird, bis Sie aussteigen. Und das wird nicht ganz so einfach, weil Sie sich behaupten sollen, Rückgrat und Standfestigkeit beweisen wollen. Und dabei noch freundlich bleiben und … lächeln, während Ihnen beinahe die „Hutschnur" reißt.

Drittes Beispiel: Sie halten ein Seminar oder einen Workshop zu einem Thema, auf das Sie sich gut vorbereitet haben. Zwei Teilnehmer, die sehr gerne durch lautes, auffälliges Gehabe stören, möchten gerne durch Fragen auf ein anderes Thema umlenken. Sie gehen darauf ein, weil Sie in diesem Fachbereich ebenfalls fit sind. Sie freuen sich, weil Sie es jedem recht machen konnten, und weil Sie sich mit Fachwissen hervorragend in Position bringen konnten … Oder?!

Lassen Sie die Perfektion los!

Menschen, die es allen recht machen möchten, haben einen sehr hohen Anspruch an sich selbst. Sie wollen alles gut machen, 100 Prozent sind gerade mal gut genug. Sie sind daher sehr oft am Rotieren. Eigentlich ist es nicht zu schaffen, denn wo ein Wunsch erfüllt wurde, ist schon der nächste in Sicht. Die Seminarteilnehmer aus obigem Beispiel speichern das ebenfalls bei sich ab und werden bei der nächstbesten Gelegenheit wieder auftrumpfen, um das für sie Vorteilhafte herauszuholen. Oder sie machen sich einfach ein Späßchen daraus, weil sie feststellen: Der Dozent ist lenkbar. In diesem Fall kann das ganz fürchterliche Folgen haben, Sie bekommen die Gruppe nicht mehr in den Griff.

Irgendwann ist man erschöpft, energielos und kommt an den Punkt, an dem man sich fragt, was das alles soll. Und die logische Schlussfrage: Wo bin ich selbst eigentlich bei dem ganzen Spiel?

Sicherlich sind Ihnen aus Ihrem Leben auch einige Gewohnheiten oder Perfektionsansprüche an sich selbst bekannt.

Schreiben Sie Ihre Situationen auf.

Jetzt wollen wir die Dinge auflösen.

Also gehen wir zum Anfang zurück: Warum wollen wir es anderen recht machen?

- Warum fahre ich meine Kinder ins Training, obwohl sie auch mit dem Rad oder Bus fahren könnten?
- Warum bin ich als Seminarleiter lenkbar?
- Warum bin ich immer nett und erledige alles?
- Warum verbiege ich mich als Chef?
- Warum machen Sie die Dinge, die Sie aufgeschrieben haben?
- Was fällt Ihnen dazu ein?

Warum will ich es allen recht machen?

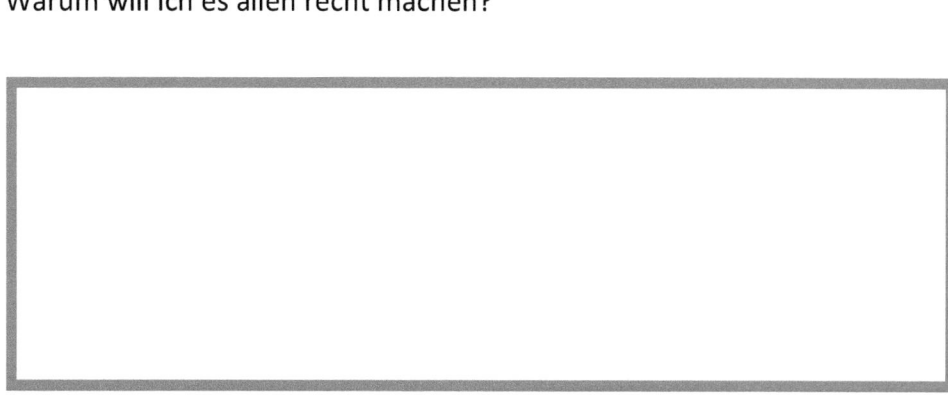

Wenn Sie keine Antwort gefunden haben, ist das wunderbar! Dann können Sie Ihr Verhalten dahingehend ändern, dass sie es nicht mehr jedem recht machen wollen, sondern ab und an auch an Ihr eigenes Wohl denken.

Vielleicht ist es auch der dahinter liegende Wunsch nach Anerkennung und Wertschätzung? Oder Harmoniebedürftigkeit? „Bevor ich jetzt Stress habe, mache ich es lieber."

Stolpersteine, die uns im Weg liegen, auf dem Weg zu unseren Zielen:
- Sich selbst im Weg stehen.
- Personen oder Begegnungen.
- Auch Gegenstände, zum Beispiel klingelnde Telefone, herumliegender Müll, o. ä.
- Warum sind sie hier?
- Was wollen sie uns sagen?
- Was haben sie mit mir zu tun?

Schaffen Sie sich jetzt Entlastung!

Wenn Sie also nun entschieden haben, nicht mehr bei Sonnenschein zum Tennistraining zu fahren, freuen Sie sich zuerst einmal: Es ist Ihnen bewusst geworden. Es hat ja auch eine Weile gedauert, bis Sie an den Punkt gekommen sind, dass es jetzt reicht. Bis dorthin haben Sie sich schon mehrfach geärgert, waren wütend, vielleicht auch auf sich selbst, weil Sie doch wieder „ja" gesagt haben.

Herzlichen Glückwunsch. Sie sind jetzt an dem Punkt angekommen, an dem Sie das bisherige Muster auflösen können. Denn Erkenntnis – Bewusstsein, ist der erste Schritt zur Besserung.

Immer, wenn es Ihnen jetzt bewusst wird, **können** Sie reagieren. Und sollte es beim ersten Mal nicht klappen, seien Sie geduldig mit sich. Sie brauchen nicht hundertprozentig zu sein. Achtzig Prozent sind auch spitze. Gehen Sie Schritt für Schritt langsam auf Ihr Ziel zu.

Es ist Ihr Weg zum Glücklichsein.

4. Stolperstein: Tiefsitzende Gedankenmuster und Glaubenssätze

In der Kindheit und Jugend sind manche Menschen häufig konfrontiert worden mit Sätzen wie:

- Häng´ nicht so rum, mach etwas Sinnvolles!
- Das Leben ist kein Zuckerschlecken!
- Das Leben ist kein Wunschkonzert!
- Reiß dich zusammen!
- Streng Dich an, sonst wird das nichts!
- Sei nicht so ein Tagträumer!
- Ohne Fleiß kein Preis!
- Von nichts kommt nichts!
- Ach, das wird ja doch nichts!

Diese Sätze haben sich, ohne dass wir das bewusst zugelassen haben, in unser Unterbewusstsein eingebrannt. Es sind Glaubenssätze daraus entstanden. Glaubenssätze sind wie eine innere Gewissheit, dass es genau so kommen wird. Viele davon laufen im Unterbewusstsein einfach mit.

Sie bestimmen oder beeinflussen heute unsere Denkmuster, obwohl wir Sie vor ewig langer Zeit gehört haben. Jeder Mensch kommt mit seinem individuellen Kontext, mit dem, was er erlebt hat, was er gehört und gesehen hat und bewertet so die Situation. (Im Kapitel Wahrnehmung können Sie diesen Bereich nachlesen.)

Wenn wir unsere Gedanken und Muster kennen, ist das gut. Oftmals ist therapeutisches Geschick gefragt, um an die tief verankerten Muster und Blockaden heranzukommen.

Nebenbei können sie Stress, Überforderung und Unzufriedenheit erzeugen. Angst vor Ablehnung oder Enttäuschung, oder Angst nicht gut genug zu sein. Bei vielen Menschen kommt der hohe Perfektionsanspruch an sich selbst aus diesem Bereich. Oft entstehen daraus Erschöpfungszustände, körperliche Verspannungen, Lustlosigkeit, Burnout und Depression.

Wenn Sie erkennen, dass diese Denkmuster nicht mehr zu Ihnen passen, weil sie Sie unter Druck setzen oder krank machen, dann sollten Sie sie verabschieden oder umarbeiten, transformieren, in neue passende Denkmuster.

Schuhe werden auch im Laufe des Lebens zu klein, wir müssen uns neue, passende Schuhe besorgen. Warum also nicht auch "zu eng gewordene Denkmuster"?

Transformation – Alte Glaubenssätze und -muster verabschieden und durch neue ersetzen

Ich habe mich intensiv mit der Frage nach dem Sinn des Lebens und den Glaubenssätzen beschäftigt. Habe unzählige Bücher gelesen, Seminare besucht zu verschiedenen Themen, um zu verstehen, wie und warum das Leben funktioniert. Warum geht es einigen Leuten immer gut und andere haben immer Pech? Sie verlieren ihre Jobs oder ihre Partner und sind in den neuen Jobs und mit ihren neuen Partnern auch nicht zufrieden. Warum ist das so? Ziehen die einen nur die guten Dinge an und die anderen immer nur die schlechten?

Irgendwann erkannte ich, dass Gedankenmuster und Glaubenssätze ein Grund sind. Welche Glaubenssätze hatte ich aufgebaut, und wie haben sich diese in das Unterbewusstsein geschlichen? Und wenn ich das erkannt habe, wie bekomme ich die, die mich blockieren wieder heraus? Diesen Prozess nennen wir Transformation. Alte Glaubenssätze und Blockaden werden in neue Programme transformiert.

Zuerst einmal müssen wir unsere negativen Gedanken erkennen.

Jeder von uns hat in seinem Unterbewusstsein seine abgespeicherten Überzeugungen und Glaubenssätze, die, wie Programme, im gleichen Muster ablaufen und unser Leben bestimmen. Manchem sind die Verhaltensmuster, die sich daraus ergeben, bereits bekannt. Sie für uns umzuwandeln, in ein passenderes „Modell", bringt uns wirklich weiter zu unserem Ziel: einem glücklichen, erfüllten Leben.

Wir funktionieren so, wie es uns beigebracht wurde. Bis wir uns dessen bewusst werden und das eine oder andere verändern wollen.

„Die entscheidenden Probleme, denen wir gegenüberstehen, lassen sich nicht auf der gleichen Ebene des Denkens lösen, auf der wir sie geschaffen haben."
(Albert Einstein)

Umsetzung und Übung: Jeder Tag ist ein neuer Tag. Ein Neustart.

Fangen Sie mit den kleinsten Dingen an, die sie ändern können. Mit Ihren eigenen Gedanken. Denn die haben große Auswirkungen auf Ihr Tun, Ihre Emotionen und weiteres Verhalten. Welche negativen Gedanken über sich selbst sind jetzt noch da, die Sie verändern wollen?

Schreiben Sie hier einmal Ihre üblichen Gedanken auf, die sie über den Tag begleiten. Das, was Ihnen sofort in den Kopf schießt, wenn es um Ihre Person geht.

Was denken Sie über sich?

Beispielsweise:

„Ach, das schaff ich ja doch nicht."

„Hab ich gleich gewusst, dass das blöd wird."

„Ich bin zu blöd ..."

„Ich bin es nicht wert ..."

„Ich bin nicht liebenswert."

Schreiben Sie Ihre Glaubenssätze auf:

```
┌─────────────────────────────────────────────┐
│                                             │
│                                             │
│                                             │
│                                             │
└─────────────────────────────────────────────┘
```

Lesen Sie noch einmal alles in Ruhe durch.

Ein neues Blatt, ein neuer Tag, ein neuer Anfang.

Jetzt formulieren Sie Sätze, die Sie nicht „herunterziehen" sondern motivierend wirken:

z. B. „Das wird schon, ich bekomme das hin, Schritt für Schritt."

„Ich bin gut, so wie ich bin!"

„Ich bin es wert."

„Ich bin gut, wenn ich 90 Prozent arbeite."

```
┌─────────────────────────────────────────────┐
│                                             │
│                                             │
│                                             │
│                                             │
└─────────────────────────────────────────────┘
```

Meditative Transformation

Verabschieden Sie jetzt jeden einzelnen dieser alten Gedanken, er gehört nicht mehr zu Ihnen:

Schließen Sie die Augen und konzentrieren Sie sich auf Ihren Atem. Konzentrieren Sie sich auf sich selbst. Werden Sie ruhiger und entspannen Sie sich.

Die Schultern sind locker, die Arme hängen locker an der Seite, die Beine haben guten Bodenkontakt, Sie sind ruhig und entspannt.

Atmen Sie ganz bewusst ein und aus. Wenn es Ihnen schwerfällt, sich auf das Atmen zu konzentrieren, können Sie beim Einatmen bis drei zählen und beim Ausatmen bis sechs. Finden Sie Ihren eigenen Rhythmus, es kann auch vier Mal ein- und acht Mal ausatmen sein.

Bewusst atmen. Mehrmals hintereinander.

Das Alte darf gehen, es wird nicht mehr gebraucht. Atmen Sie bei diesem Gedanken aus. Atmen Sie ein und setzen Sie bei jedem Ausatmen diesen alten Gedanken auf das Ausatmen, z. B. „Ich bin nicht liebenswert".

Dieser alte Gedanke bzw. Glaubenssatz war in der Vergangenheit dienlich und hat Sie begleitet. Jetzt darf dieser Glaubenssatz gehen. Lassen Sie die Gedanken und Gefühle auf Wolken dahinziehen.

Wir dürfen jeden Tag Neues dazulernen. Mit jedem Atemzug nimmt der Körper neue Energie auf.

Jetzt ist Zeit und Raum da für neue Gedanken, die Ihnen zu mehr Glück und Zufriedenheit verhelfen sollen. Sie haben sich über Ihre neuen Gedanken oder Haltungen bereits Gedanken gemacht.

Mit dem nächsten Einatmen holen Sie bewusst den neuen Gedanken herein, der anstatt des alten Glaubenssatzes dessen Platz einnehmen soll. Beispielsweise die **Affirmation:**

„Ich bin ein liebenswerter Mensch."

Atmen Sie weiter tief ein und aus. Sie dürfen das auch laut sagen: Ich bin ein liebenswerter Mensch! Sie sind ein liebenswerter Mensch, lassen Sie es zu!

Fühlen Sie diesen neuen Glaubenssatz und heißen Sie ihn herzlich willkommen.

In Ihrer Zeit kommen Sie langsam wieder zurück ins Tagesbewusstsein, in den Raum, in dem Sie sind, in das Hier und Jetzt.

In jedem Anfang wohnt ein Zauber, ein Geheimnis, ein neuer Weg, von dem wir noch nicht wissen wo er hingeht.

Aber es fühlt sich gut an, oder?

Wir brauchen einen Ausgleich!

Zum Zusammenreißen gehört die Entspannung.

Zum Fleiß gehört das Abhängen!

Zum Arbeiten gehört auch mal ein Zuckerschlecken!

So wie zum Tag die Nacht gehört, zum Dunkel das Helle, zum Warmen das Kalte. Gestärkt (resilient) zu sein bedeutet, sich in den beiden Verfassungen anzunehmen und zu lieben.

Die Gefühle bewusst und bejahend anzunehmen. Wir nennen das, das duale Spiel. Wenn wir Stress hatten, benötigen wir als Ausgleich etwas Ruhe und Entspannung. Im Hier und Jetzt sich bewusst zu machen, was gerade ist. Das ist der springende Punkt. Achtsam zu sein, für das, was gerade ist.

Übungen

Es bieten sich hier die Übungen aus Kapitel 7 an: Die ausgleichenden Übungen mit der 8.

5. Stolperstein: Kränkungen und Verletzungen loslassen

Das kennen wir alle. Ob aus unserer Kindheit, wenn andere über unsere Frisur gelacht haben, oder wir beim Sportunterricht nicht in die Mannschaft gewählt wurden, oder als Erwachsener, wenn wir die gleiche Arbeit abgeliefert haben wie der Kollege und die Tantieme wanderte an uns vorbei. Wir fühlen uns im Unrecht, ungerecht behandelt, verletzt, zurückgesetzt, klein und schlecht.

Auch Trennungen können mit persönlichen Verletzungen einhergehen. Selbst noch bestehende Beziehungen schließen solche Muster nicht aus. Mangelnde Wertschätzung, Zurückweisungen, Enttäuschungen, das Gefühl, ausgenutzt zu werden oder nicht gesehen zu werden, können tiefe Verletzungen hervorrufen. Auch Trauer, Angst und Schmerz.

Die Reaktionen können ganz unterschiedlich sein. Vom persönlichen Rückzug bis zur Aggression ist alles möglich. Auf jeden Fall arbeitet es in uns nach. Wir denken darüber nach, wir bewerten es, eventuell interpretieren wir auch etwas hinein, fragen uns, wozu das gut war und weshalb und warum passiert mir das? Die Schuldzuweisungen werden überdacht.

Ist das alles lösungsorientiert? Wenn der Prozess nicht zu lange dauert, ist er durchaus lösungsorientiert. Es ist immer sinnvoll, Geschehenes zu reflektieren, um zu sehen, ob eigene Anteile dabei waren, die dazu geführt haben.

Wenn der Prozess allerdings zu lange dauert, dann könnten wir in einen ungesunden Zustand hineinrutschen. Angst und eine depressive Episode könnten eine Folge sein. Auch Vermeidungsverhalten, ständiges Grübeln und sozialer Rückzug. Oder körperliche Symptome, wie z. B. Kopf- oder Magenschmerzen. Der Verlust von Energie und Lebensfreude bringt unser inneres Gleichgewicht ins Wanken. Wir verschließen unser Herz, weil wir durch das Aufbauen einer Schutzmauer denken, wir könnten uns davor schützen.

Kränkungen können krank machen. Geht also die Zeit des Verarbeitens über das normale Maß hinaus, sollten wir uns Unterstützung suchen, durch einen Heilpraktiker oder Coach, um das Erlebte besser verarbeiten zu können.

Eine Möglichkeit ist das Coaching durch EMDR (Eye Movement Desensitization and Reprocessing), das solche emotionalen Zustände hervorragend transformieren kann.

> **Hintergrundwissen:**
>
> EMDR ist eine wirksame Methode zur umfassenden Behandlung traumatischer Erfahrungen. Die bilaterale Augen- bzw. Körperstimulation dient zur beschleunigten Verarbeitung von Angstsymptomen und hohem Stress nach seelischer Überforderung (z. B. Trennung, Trauer, Krankheit, Unfall, Trauma). Ebenso bei hohem Erwartungsdruck, z. B. einem sportlichen Misserfolg oder einer missglückten Prüfung.
>
> EMDR wurde 1987 von Francine Shapiro (USA) entwickelt. Bei der bilateralen (beidseitigen) Stimulation der Augen führt der Coach oder Therapeut diese in rechts- und linksseitigen Bewegungen. Dies bewirkt eine beschleunigte Informationsverarbeitung im Gehirn und führt so zur Stressentlastung mit EMDR.

Sie können versuchen, den Prozess selbst in Heilung zu bringen:

Schauen Sie sich die Situation noch einmal an. Welche Gefühle sind in der Situation dabei gewesen? Waren es Schuldzuweisungen, Beschimpfungen, Kränkung, Verachtung, Verdammung? Wie haben Sie sich gefühlt?

Stoppen Sie Ihre Gedanken jetzt ganz bewusst und sagen Sie sich: „Es ist vorbei". Sollte der Gedankenstopp nicht ausreichen, können Sie versuchen sich bewusst zu entspannen und ganz langsam immer wieder bis 3 zu zählen und danach rückwärts: 1 2 3 3 2 1 1 2 3 3 2 1. Atmen Sie ruhig.

Sie nehmen in diesem Moment den Gedanken den „Stoff". Das Gehirn ist auf das Zählen fokussiert. Sie können dabei versuchen zu entspannen. Sollte es gar nicht gelingen, scheuen Sie nicht, es mit einem Fachmann oder einer Fachfrau zu besprechen.

Bringen Sie Frieden in die innere Angelegenheit. Es ist wirklich vorbei. Es war gestern. Heute ist heute. Bleiben Sie mit Ihrem Gefühl bei sich selbst, und versuchen Sie, dem anderen zu vergeben. In der Vergebung können wir loslassen. Wir wissen die Gründe nicht, warum er oder sie das getan hat. Sei es aus Unüberlegtheit oder wurde er/sie dorthin getrieben und konnte gar nichts dafür? Alles Mutmaßungen. Wir wissen es nicht, nicht wirklich. „Ich weiß, dass ich nichts weiß!" ist ein wunderschönes Zitat von Sokrates.

Im Verzeihen liegt der große Frieden. Der Kampf hört auf.

Lassen Sie das, was passiert ist, bei dem anderen Menschen. Es ist gut zu wissen, dass jeder seine Anteile durchlebt. Jeder hat seine Themen, denen er sich im Laufe seines Lebens stellen wird. Sie haben das, und Ihr „Peiniger" oder „Verursacher" hat es auch. Lassen Sie ihn ziehen. Seien Sie stolz auf sich selbst, denn es ist vorbei, Sie haben es überstanden. Sie leben noch, es kann weitergehen.

Mit dem Bewusstsein, dass Sie etwas stärker und reifer durch die Erfahrung geworden sind.

Übung zur Stärkung des Selbstbewusstseins

Was hat es Ihnen an positiven Erlebnissen, Eindrücken und Erfahrungen gebracht? Schreiben Sie hier das Positive auf. Das, was Ihr Herz zum Singen und Klingen gebracht hat. Was hat Ihnen daran Freude gemacht?

Wenn Sie ein schönes Ritual dazu machen möchten:

- Schreiben Sie beide Erlebniswelten auf zwei unterschiedliche Zettel. Einen Zettel für die Verletzungen und Kränkungen und einen Zettel für die positiven Erlebnisse.
- Sie können die Meditation aus dem vierten Stolperstein machen.
- Danach verbrennen Sie feierlich den Zettel mit den schlechten Erlebnissen. Bitte über einer Schüssel mit Wasser oder einem Aschenbecher oder Ähnlichem. Denken Sie an Ihre Sicherheit.

Den Zettel mit den positiven Erlebnissen können Sie eine Weile bei sich tragen. Er darf Sie an die schönen Stunden erinnern. An die schönen Erlebnisse, die Ihr Herz zum Singen und Schwingen gebracht haben. Seien Sie dankbar für diese wunderbare Erfahrung. Niemand wird Ihnen das Erlebte wegnehmen können. Es ist in Ihnen abgespeichert und wenn Sie daran denken, es sich bewusst machen, wird es immer wieder aktiviert. Wir leben und machen Erfahrungen, die uns prägen. Geben wir jetzt dem Positiven Raum, damit sich diese Energie ausweiten kann.

6. Stolperstein: Trauer loslassen

Jeder von uns wird im Laufe seines Lebens einen schmerzhaften Verlust zu betrauern haben.

Trauer hilft uns, den Tod eines geliebten Menschen zu akzeptieren. Es ist wichtig, diese Trauer nicht zu verdrängen, sondern als wichtigen Prozess zu sehen, um in diesem Schmerz das Akzeptieren und Loslassen zu erreichen. Sollte die Belastung länger dauern, ist es auch hier angeraten, sich Hilfe durch einen Fachmann/-frau zu holen, um mit einer geeigneten Therapie (Gesprächstherapie, EMDR-Therapie oder Ähnliches) Heilung zu schaffen.

Versuchen Sie, die gemeinsamen Erlebnisse mit Dank anzunehmen und in positiver Erinnerung zu behalten. Und das Negative, den Schmerz, die Traurigkeit und das Gefühl zurückzubleiben, loszulassen. Ebenso die quälende Frage: „Warum"? Wir wissen es nicht.

Stellen Sie sich vor, Sie hätten nichts und niemanden zu betrauern. Wie unerfüllt wäre Ihr Leben. Wenn Sie trauern, dann haben Sie geliebt, wurden geliebt und das ist großartig. Es ist erfüllend und Sie konnten diesen Zustand für eine Zeit in Ihrem Leben genießen. Möchten Sie dankbar sein, dass Sie dies erleben durften?

Ich biete Ihnen hierzu eine Meditation an, die den Fokus wieder auf das Positive, das Ressourcenpotenzial, richten soll. Genau wie im vorigen Stolperstein gilt es hier, das Positive und das Negative zu sehen. Ich werde die Meditation in der Du-Form anbieten, das wirkt persönlicher und ansprechender. Vielleicht hilft eine ruhige Musik dabei, sich besser entspannen zu können. Oder auch eine schöne Kerze. Nehmen Sie sich ca. 20 Minuten Zeit.

Meditation

Suche dir einen ruhigen, entspannenden Ort, an dem du nicht gestört wirst und mache es dir bequem. Entweder im Sitzen, mit gerader Wirbelsäule, oder auch im Liegen.

Versuche dich nun zu entspannen, ganz bewusst alle Muskeln locker zu lassen, und atme ruhig durch die Nase ein und wieder aus. Du kannst bis vier zählen beim Einatmen und bis vier zählen beim Ausatmen. Atme bewusst ein und aus und beobachte den Atem, der durch deinen Körper fließt.

Wenn du einen anderen Rhythmus wählen möchtest, ist das völlig in Ordnung, dann zähle bis drei und atme dabei ein und bis drei beim Ausatmen (oder auch bis fünf).

Nimm Kontakt zu dir, zu deiner inneren Welt auf und beobachte: Wie geht es dir? Nimm alles wahr, was du fühlst.

Wenn du einen schmerzhaften Verlust zu betrauern hast, dann deshalb, weil du eine Zeit lang mit dem glücklich warst, was du hattest.

Dein Herz war offen für die Leichtigkeit, für die Freude, für das Sehen und Gesehenwerden. Für all das Schöne, das du erlebt hast.

Nimm dir ein wenig Zeit, um dort hinein zu spüren, zu sehen und zu fühlen, wie das war.

Wenn es nicht mehr da ist, empfinden wir es als Verlust. Viele stellen sich die Frage „Warum"? Du kannst jetzt entscheiden, ob du in Wut, Ärger, Zorn, Verlassenheit, Frust, Verbitterung, Kälte und Schmerz hineingehst. Vielleicht denkst du, damit alles besser verarbeiten zu können. Das ist leider nicht so. Die anderen positiven Gefühle sind wichtig für eine gute Verarbeitung.

Versuche, das Herz offen zu halten und dennoch zu akzeptieren, dass die Person nicht mehr da ist, und die Liebe für den Menschen zu behalten.

Sage „Ja" zu all dem Schönen, was du erleben durftest, und bewahre es im Herzen. Suche einen Platz in deinem Herzen, an dem diese Freude für immer bleibt und spürbar ist. Dadurch bleibst du offenen Herzens, um weitere schöne Erlebnisse zu haben. Das kosmische Resonanzgesetz wird dir ähnliche Menschen mit offenem Herzen zuführen.

Durch Dankbarkeit für all das Gute und die Erinnerung an das positiv Erlebte darf die heilende Haltung der Liebe die hochschwingende Energie aufrechterhalten.

Spüre diese Liebe in deinem Inneren. Sie gehört zu dir, sie ist ein Schatz, den du für dich behalten darfst, und der dir, wann immer du möchtest, ein leises Lächeln geben darf.

Komme in deiner Zeit langsam wieder in das Tagesbewusstsein zurück. Ins Hier und Jetzt.

Das Herz vor Gram und Groll zu verschließen, bedeutet, in den Mangel zu gehen, was auf Dauer zulasten der Gesundheit geht. Es macht hart und verbittert, traurig und kraftlos. Auch hier würde das Resonanzgesetz Ihnen entsprechende Spielpartner zukommen lassen. Es sind niedrig schwingende Energien, die uns herunterziehen, uns kraft- und energielos machen.

Wir können uns bewusst dafür entscheiden, das Herz offenzuhalten für die Liebe, für die hochschwingende Energie, denn hier liegt die Leichtigkeit, die Freude, die Energie, die Kraft, eben alles, was das Leben lebenswert und schön und leicht macht. Und wenn es vorbei ist, so bleibt uns, dankbar dafür zu sein, dass wir dies erleben durften.

10. Schlüssel: Glück, Zufriedenheit und Dankbarkeit

Ziel ist, Ihre Bedeutung von „Glücklichsein" zu ergründen und erfahrbar zu machen.

Glück – ist es nicht das, was wir uns alle wünschen?

Glück ist etwas, was man verschenken kann, ohne es selbst zu haben.

Was bedeutet „glücklich sein"?

Glück ist, nicht in einen Hundehaufen getreten zu sein?

Glück ist, reich und berühmt zu sein?

Glück ist, gesund zu sein? Viele Freunde zu haben?

Glück ist offensichtlich sehr individuell. Wenn Sie einen Kranken fragen, wünscht sich dieser nichts sehnlicher, als gesund zu sein. Wenn Sie jemanden fragen, der bettelnd auf der Straße sitzt, würde dieser möglicherweise froh über Geld sein, um sich etwas zu Essen kaufen zu können.

„Nicht die Glücklichen sind dankbar, es sind die Dankbaren, die glücklich sind."
(Francis Bacon)

Glücklichsein! Ja zu sagen mit Überzeugung und einem Kribbeln im Bauch!

Wir alle dürfen diesen Anspruch für uns umsetzen.

Was bedeutet Glück für Sie?

Schreiben Sie auf, was Ihnen dazu einfällt. Was könnte Sie glücklich machen? Machen Sie eine Liste, und beschreiben Sie Ihre Gefühle dabei.

Glück ist, wenn ich keine Angst mehr habe und zuversichtlich bin, dass alles zu meinem Besten geschieht?!

Glück und Unglück liegen nah beieinander. Genau wie dunkel und hell. Wer die Dunkelheit nicht erfahren hat, weiß nicht, wie die Helligkeit aussieht. Wer Krankheit erlebt hat, weiß, wie wertvoll Gesundheit ist.

Ohne die dunklen Täler, die wir das eine oder andere Mal durchlaufen, wissen wir manchmal nicht, wie sich das Glücklichsein anfühlt, wenn es uns gut geht. Es ist dann einfach so und wird als Selbstverständlichkeit gesehen. Der Umkehrschluss könnte sein: Wer Unglück erlebt hat, weiß das Glück zu schätzen.

Wer Unglück erlebt hat, hatte auch die Chance zum Wandel, zur Veränderung, zur Weiterentwicklung. Denn eines ist sicher: Wenn Sie eine Krise durchlebt haben, dann sind Sie an Erfahrung reicher geworden, haben Schlüsse daraus gezogen und sich weiterentwickelt – siehe vorangegangenes Kapitel. An dieser Stelle sei erwähnt, dass es natürlich auch möglich ist, dass jemand es nicht alleine schafft, aus einer Krise zu kommen. Die pathologische Form ständiger Niedergeschlagenheit und Zurückgezogenheit, (vorübergehende depressive Episode), sollte in fachliche Obhut gegeben werden.

Wir Menschen haben, bedingt durch unseren Biorhythmus, Tage, an denen es uns besser geht, und Tage, an denen es uns nicht so gut geht. An solchen Tagen können wir langsamer machen. Durch Meditation und Stille haben wir an diesen Tagen die Möglichkeit, hineinzuhören und zu sehen, worin das unglückliche Gefühl liegen kann. Viele Dinge können wir selbst beeinflussen. Wenn es Ihnen heute nicht nach dem Abarbeiten der Weihnachtswunschzettel ist, dann tun sie etwas, was Ihrem heutigen Tag entspricht. Machen Sie sich frei von den Zwängen und Erwartungen Ihres Umfeldes. Wenigstens so lange, bis es Ihnen besser geht. Und dann entscheiden Sie neu.

Was ist Glück? Wie kann ich in meinem Leben zu mehr Fülle gelangen? Was ist der Sinn des Lebens? Wer bin ich wirklich? Und was mache ich hier? All die Fragen tauchen früher oder später auf, vor allem, wenn der

Körper oder Geist uns eine Auszeit durch Krankheit auferlegt hat. Dann fragen wir uns: Was läuft hier schief? Warum ich? Und die Antworten kommen nicht wie bei dem Märchen „Sterntaler" auf uns herabgeregnet. Wir kommen durch Übung und Schärfung unserer Wahrnehmung und unserer Sinne an die Antworten. Und vielleicht noch mehr: Vielleicht haben wir Lust auf mehr Erkenntnis, auf mehr Wachstum.

Glaubenssätze über das Glück: Glücksmythen

Woher kommen die Ideen und Vorstellungen, was uns glücklicher werden lässt? Von unseren Freunden, Familie und der Gesellschaft? Es gibt Glücksforscher, die wissenschaftliche Studien darüber erstellt haben. Es gibt unzählige Autoren, die über das Glück geschrieben haben. Tatsächlich sind wir empfänglich für die Meinungen und Bilder unserer Kultur, sie gehen uns so in Fleisch und Blut über, dass wir uns dieser Dinge gar nicht mehr bewusst sind. Ich führe Ihnen nachstehend einige Glaubenssätze auf, die Sie überdenken können. Natürlich finden Sie auch am Ende des Kapitels dazu wieder einige Möglichkeiten, das Umdenken und die Sichtweise zu Ihren Gunsten zu verändern.

Mythos Nr. 1: Glück ist, alle Ziele erreicht zu haben!

Sicherlich ist es wunderbar, wenn Sie das Ziel, das Sie sich vorgenommen haben, auch erreicht haben. Dennoch sollte Ihnen die Vorbereitung, der Weg dorthin, auch schon Bereicherung geben. Ähnlich wie bei der Vorfreude auf einen schönen Urlaub. Sie sind Tage und Wochen schon in Vorfreude, machen Pläne, besorgen noch das ein oder andere dazu. Das ist Vorfreude. Manche benutzen auch das Wort Stress dazu, wenn Sie den Fokus auf die schöne Zeit und die Erholung legen, wird das ein angenehmeres Gefühl hervorrufen.

Mythos Nr. 2: Man muss das Glück suchen!

Wer sein Leben lang auf der Suche ist, findet darin sehr viel Beschäftigung. Aber das eigentliche Leben mit den täglichen schönen Dingen geht möglicherweise an ihm vorbei. Die Frage ist: Findet das Glück nur in den äußeren Dingen des Lebens statt?

Glück finden wir auch in uns selbst. Es ist unsere innere Haltung, unsere Art und Weise, wie wir uns selbst und unser Umfeld wahrnehmen und behandeln.

Mythos Nr. 3: Glück ist eine Sache des Geldes!

Materieller Wohlstand trägt sicherlich zu einem angenehmen Leben bei. Das ist keine Frage. Geld macht nicht glücklich, aber erleichtert doch vieles. Ich war selbst einmal in der Lage, dass ich am Monatsende noch genau 5 DM zur Verfügung hatte. Ich konnte überlegen, ob ich mir nun Brot oder Zigaretten kaufe. Beides ging nicht mehr.

Beleuchten wir jetzt die andere Seite und befragen Menschen, die sehr vermögend sind, dann werden wir feststellen, dass diese auch nicht alle glücklich sind.

Ein erstaunliches Phänomen ist die hedonistische Anpassung: Wir gewöhnen uns an etwas, was uns eben noch glücklich gemacht hat und haben bereits etwas anderes im Fokus, was uns noch glücklicher machen könnte. Ist es dann die Veränderung, von der wir denken, dass sie uns glücklich macht?

Dazu ein Beispiel: Menschen, die gerade keine Beziehung haben, fühlen sich oft alleine und traurig. Sie hätten gerne einen Partner. Andere wiederum, die eine Beziehung haben, fühlen sich oft genervt und unter Druck gesetzt: „Ach, du hast es gut. Du kannst machen, was du willst. Du hast keinen Partner, bei dem du erklären musst ..."

Ein anderes Beispiel: Herr Meier stellt fest, dass der Kollege in seiner Firma ein besseres Auto hat als er. Es ist größer, komfortabler, schneller und einfach schöner. Der Student, der in dieser Firma jobbt, kommt immer mit dem Fahrrad und beäugt sehnsüchtig das Auto von Herrn Meier. Gerne hätte er auch ein Auto, dann würde ihm so vieles leichter fallen. Herr Specht arbeitet ebenfalls in dieser Firma. Er beobachtet von seinem Büro immer den fröhlichen Studenten, der sich locker auf sein Fahrrad schwingt. Gerne würde er auch wieder seine Beine bewegen wollen, denn er sitzt im Rollstuhl.

Mythos Nr. 4: Es gibt Leute, die immer Glück haben, und andere eben nicht.

Oft begegnen mir Menschen, die beinahe resignierend feststellen, dass sie in diesem Leben sowieso nichts zu lachen haben. Sie berichten ihre Katastrophen und negativen Erlebnisse detailliert und genau und bemerken gar nicht, wie intensiv sie sich selbst immer wieder damit auseinandersetzen. Sie sind in diesem Programm förmlich gefangen. Das Programm lautet möglicherweise: Ich habe sowieso kein Glück.

Mit solch einem Glaubenssatz wird sie das Leben nicht enttäuschen. Wer aus solch einem Programm aussteigen möchte, sollte seinen Glaubenssatz umschreiben.

Ihre positiven Glaubenssätze, Ihre Affirmationen

Ich freue mich über jeden neuen Tag.

Ein glückliches Leben steht mir zu.

Es geht mir von Tag zu Tag immer besser.

Mythos Nr. 5: Wer gut aussieht, ist glücklicher.

Oder: Glücklich ist, wer gut aussieht. „Wenn ich 10 kg leichter wäre, dann wäre ich glücklicher."

Aha. Und danach wird der Bauch gestrafft und die Brust vergrößert. Wir sind immer auf der Suche nach den perfekten Vorbildern und versuchen uns anzunähern. Der eine vielleicht nur mit „Schminktipps", der andere übernimmt ganze Verhaltenszüge und optisches Auftreten. Schlimm wird es beim Herunterhungern der überflüssigen Kilos. Denn zu viel Streben in diese Richtung kann zur Magersucht führen, deren Folge- und Begleiterscheinungen bis zum Tod führen können.

Gut auszusehen und eine Idealfigur zu haben, sind erstrebenswerte Ziele in unserer heutigen Gesellschaft. Dennoch ist es durch Studien belegt, dass gut aussehende Menschen nicht zufriedener und glücklicher sind als weniger gut aussehende Menschen.

Dennoch hat es Vorteile, gut auszusehen.

Beispiel: Zwei Damen gehen in ein Vorstellungsgespräch. Dame A hat eine Wespentaille, ein charmantes Lächeln, hohe Schuhe und ein gepflegtes Aussehen. Dame B ist kräftig bis dick, gepflegt im Aussehen, gleiche fachliche Qualifikation. Welche Dame wird der Personalchef für sein Team bevorzugen?

Um auch das zu widerlegen: Das ist die rein optische Version. Dame B muss nämlich nicht schlechter aus dem Gespräch herausgehen, wenn sie ein gutes, selbstbewusstes Auftreten hat und ihre Qualifikation sachlich gut verkaufen kann.

Damit kommen wir an die innere Schönheit. Selbstsicherheit und eine gute, innere Einstellung ist den Menschen anzusehen!

> *„Es ist nicht genug, zu wissen, man muss es anwenden.*
> *Es ist nicht genug, zu wollen, man muss es auch tun."*
> (Goethe)

Wenden wir uns jetzt wieder unserem Glück zu:

Wir haben Möglichkeiten und Ressourcen in uns, die uns die Kraft geben, unsere Ziele zu erreichen!

Nach einer wissenschaftlichen Studie der Autorin Sonja Lyubomirsky haben wir unser Glück zu 40 Prozent selbst in der Hand. In einem Tortendiagramm zeigt sie auf, dass 50 Prozent unser Glücksfixpunkt ist, 10 Prozent die äußeren Umstände und 40 Prozent bewusste Verhaltensweisen, die wir selbst wählen. Der Glücksfixpunkt stammt aus der Zwillingsforschung, es sind unsere vererbten Merkmale, der genetische Ansatz. Er ist eine Art

Nullpunkt, von dem aus wir starten können. Vergleichbar mit dem Körpergewicht. Manche Menschen sind von Natur aus schlank und halten ihr Gewicht, ohne sich allzu sehr anstrengen zu müssen. Andere müssen extrem viel dafür tun, um ihr Gewicht zu halten. Die äußeren Umstände, nur 10 Prozent, stehen für unser Aussehen, Reichtum, Krankheit, Gesundheit, und ob wir verheiratet sind, geschieden oder in welchen Lebensumständen wir leben. Quelle: „Glücklich sein" von Sonja Lyubomirsky, Campus Verlag.

Spannend sind die 40 Prozent: unser Denken und Handeln. Schenken wir dieser Studie Glauben, dann sind es tatsächlich 40 Prozent, in denen unser selbstgewählter und selbstbestimmter Handlungsspielraum ist. Das ist eine ganze Menge, wir können es also bewusst steuern. Zuerst wollen wir die Ressourcen und Möglichkeiten erkennen und erfahren. Danach gilt es festzustellen, was wir wirklich wollen. Und es dann anzupacken. Unser Ressourcendepot oder Energiedepot hilft uns dabei.

Glücklichsein ist eine Wahl!

„Nimm es doch nicht so schwer", und „Hab keine Angst, das wird schon" sind zwar nett gemeinte Mutmacher, aber können sie uns wirklich helfen? Wir wissen in diesem Moment doch gar nicht WIE!

Alles, was wir durch unsere tiefe Überzeugung wirklich wollen, können wir auch ins Rollen bringen! In jedem Bereich. Unser Gehirn braucht dazu Training! Denn diese „Neurogenese", unser persönliches Gesundheitsprogramm für unsere neuronale Vernetzung, soll dauerhafte Veränderung in unser Leben bringen.

Und diese strukturellen Veränderungen brauchen sehr kontinuierliche Stimulation und Training, damit die Neuerschaffung dieser neuronalen Vernetzung in unserem Gehirn eine Nachhaltigkeit erfährt. Das Training stärkt die Synapsen, die Erfahrung wird eingeprägt und kann als dauerhaftes neues Muster aufgenommen werden.

Studien haben bewiesen, wenn wir uns zu den Übungen zwingen, nicht dahinter stehen, können wir unser Ziel nicht erreichen. Kein Fortschritt, sondern eher Unzufriedenheit, was kontraproduktiv einzustufen ist. Nur aus eigenem Antrieb und eigener Überzeugung heraus können wir mit Achtsamkeit und Bewusstsein mehr Glück und inneren Frieden erreichen.

Deshalb gilt es nicht nur in der Theorie, sondern auch mit praktischen Übungen, unser Potenzial zu entdecken. Eigene Visionen aufzubauen, Lösungen zu sehen und Strategien entwickeln zu können – dann ist das Ganze **authentisch** und nicht aufgesetzt. Erst wenn wir unsere eigenen Überzeugungen erarbeitet haben, sind wir wirklich in der Lage, positiv zu denken. Weil wir es selbst wollen und es uns nicht gesagt wird.

Es gibt Menschen, die beim Essen oft daran denken, was sie morgen kochen könnten, statt das Essen, was gerade vor ihnen steht, zu genießen. Bewusst genießen. Es wahrnehmen, es schmecken, riechen und auch ansehen.

Welche Momente sind es also, die Sie glücklich machen? Um welche Bedürfnisse geht es dabei?

Wann bin ich glücklich?	Um welches Bedürfnis geht es?

Wann sind Sie nicht glücklich, sondern eher unglücklich? Welches Bedürfnis fehlt Ihnen dann? Was könnte Ihnen helfen? Was können Sie selbst tun?

Wann bin ich nicht glücklich?	Um welches Bedürfnis geht es?

Vorsicht: Ihr Nachbar oder Freund hat andere Vorstellungen als Sie. Lassen Sie sich nichts einreden. Es geht hier um Sie und um Ihre Vorstellungen, um Ihr persönliches Glücklichsein.

Eine Klientin von mir wünschte sich sehnlichst einen Hund. Als sie dies ihren Freunden erzählte, fielen sie aus allen Wolken: „Was? Das willst du dir antun?" „Das ist doch total viel Arbeit! Und dann musst du ihn auch noch erziehen!" Stehen Sie zu sich selbst!

Glück und innerer Frieden

*„Ich muss nicht glücklich sein, um inneren Frieden spüren zu können.
Der innere Frieden ist in mir, er lässt mich reifen und begleitet
mich durch meine Höhen und Tiefen."*
(Paul Coelho)

Glück und Dankbarkeit

„Glück macht uns nicht dankbar. Dankbarkeit macht uns glücklich!"
(David Steindl-Rast)

Dankbarkeit öffnet das Herz

Sie verdrängt alle negativen, niedrig schwingenden Energien wie Ärger, Enttäuschung, Wut, Zorn und Aggression.

Wer Dankbarkeit empfinden kann, denkt in diesem Moment positiv. Unsere Gedanken bestimmen, wie es uns geht. Sie lenken unsere Gefühle und unser Tun. Es ist die Bewertung der Situationen, die ich im Kapitel Wahrnehmung bereits beschrieben habe. Wir entscheiden selbst, wie schwarz wir eine Sache sehen und welche Momente wir beglückend empfinden, wenn wir sie bemerken. In dem Moment, in dem ich Dankbarkeit empfinde, ist es schwer, Schuld, Ärger oder Wut zu fühlen.

Dankbarkeit kann in diesem Moment die negativen Gefühle auflösen und ich kann positive Energie empfinden.

Dankbarkeit ist der Königsweg zum Glück

Dankbarkeit kann sich in Staunen und Wertschätzung für etwas zum Ausdruck bringen, genauso wie bewusst zu genießen. Wir sind in diesem Moment mit unserer Aufmerksamkeit bei dem, was gerade ist. Unsere Gesundheit kann beispielsweise etwas sein, wofür wir täglich dankbar sein dürfen. Auch unsere Lebensumstände, denn es könnte durchaus schlimmer sein. Entscheidend ist immer, wohin meine Gedanken gehen. Dorthin, wo etwas nicht gut geklappt hat, oder der Gewinn daraus. Schließlich hat alles, was nicht so geht, wie Sie es sich gewünscht haben, auch den Effekt, dass Sie daraus lernen können. Den gleichen Fehler machen Sie dann nicht mehr.

Als meine beiden Jungs noch klein waren, haben sie sich sehr oft gestritten. Das ging beim Frühstück mit den Fußattacken unter dem Tisch schon los. Auf dem Spielplatz gab es keine Gnade, ich war sehr oft am Rande meiner Kräfte. Eine ältere Frau saß auf dem Spielplatz neben mir und lachte: „Das ist schön, den beiden zuzuschauen, wie sie ihre Kräfte messen. Genießen Sie die Zeit, und sind Sie froh über die gesunden Racker, im Nu sind sie groß."

Von dieser Seite her hatte ich es nicht gesehen. Und zugegeben, es fällt schwer, wenn eine Situation kräfteraubend ist, ihr dann noch das Gute abzugewinnen. Aber es ist eine Möglichkeit, in diese Richtung zu schauen.

Dankbarkeit ist nicht nur ein Wort,

sondern auch eine Haltung, die Sie aus Ihrem Inneren heraus entstehen lassen. Dankbare Menschen sind meist glücklicher, hilfsbereiter und positiver in ihrer Grundhaltung. Sie neigen weniger zu depressiven Episoden, Nervosität, und Angststörungen, als andere Menschen. Es gibt Studien zu der Dankbarkeitsstrategie, in denen Studenten und Erwachsene mit chronischen Krankheiten diese Strategie der Dankbarkeit anwenden sollten. Der Erfolg war, dass die Teilnehmer, die ihre Dankbarkeit ausdrückten, mehr positive Emotionen wie Interesse, Begeisterung, Freude und Stolz empfanden, als die Teilnehmer, die dies nicht taten. Dankbarkeit verbindet miteinander, es macht glücklicher, es hilft sogar gegen Schlafstörungen.

Dankbarkeit steigert das Selbstwertgefühl

Wenn Sie bewusst für etwas dankbar sind, werden automatisch Ihre Gesichtszüge weicher. Versuchen Sie es: Stellen Sie sich vor einen Spiegel und denken Sie an etwas, wofür Sie dankbar sein können, z. B. ein lieber, Ihnen nahestehender Mensch hat Sie freundlich begrüßt. Beobachten Sie Ihre Augen und die Gesichtszüge. Spontan gelächelt? Das wäre perfekt. Das strahlen Sie aus! So sehen die Leute Sie! Wenn wir uns an etwas erfreuen, strahlen unsere Augen, wir lächeln und sind aufgeschlossener. Wir fühlen uns besser, unser Selbstwert ist gestiegen.

Es gibt genügend Menschen, die uns permanent Dinge erzählen, die sie verärgert haben, die Verletzungen, Kränkungen und Enttäuschungen beinhalten. Mit jedem Erzählen ist das Gefühl, die Emotion, wieder präsent, die Wut und der Ärger. Möchten Sie das? Wenn nein, trainieren Sie sich eine andere Haltung an, die der Dankbarkeit.

Am Ende des Kapitels ist wieder eine Übung dazu.

Dankbarkeit gegen Gewohnheiten

Es sind die vielen alltäglichen Normalitäten, die wir schon gar nicht mehr bemerken. Wir wohnen in einer Wohnung oder einem Haus, fahren mit dem Auto oder der Bahn zur Arbeit und danach erledigen wir den Einkauf oder Haushalt. Es gibt Länder, in denen ist nichts von all dem Genannten „normal". Länder, in denen Krieg herrscht, es nichts zu Essen oder keine Infrastruktur gibt. Schon allein die Tatsache, dass wir zum Arzt gehen können, wenn uns etwas fehlt, ist schon ein kleines Dankbarkeitsgefühl wert. Es ist jemand da, der uns helfen kann. Wir erhalten Fürsorge und Unterstützung. Danke. Und viele Menschen, die sich dessen sehr bewusst sind, reagieren darauf auch wieder mit Fürsorge und Unterstützung für andere Menschen, die es dringend benötigen. Menschen, die selbst einmal eine schwere Krankheit hatten, sind ganz bewusst dankbar. Der Fußballspieler Pirmin Schwegler beispielsweise, war als Kind sehr schwer an Krebs erkrankt. Er hatte durch seine Leukämieerkrankung wenige Überlebenschancen. Seine Mutter sah jeden Tag als ein Geschenk, an dem sie ihren Sohn noch hatte. Heute setzt sich Pirmin Schwegler für krebskranke Kinder ein. Seine wiedererlangte Gesundheit erfüllt ihn mit großer Dankbarkeit, die er durch Hilfsbereitschaft zum Ausdruck bringt.

Dankbarkeit gegen Neid

Wenn Sie Dankbarkeit empfinden für etwas, dann brauchen Sie gar nicht zu schauen, was Ihr Nachbar oder Kollege hat. Dankbarkeit schafft Zufriedenheit. Sind Sie dankbar dafür, dass Ihr Kind das Schuljahr gerade noch so geschafft hat, somit in seinem Freundeskreis bleiben kann und die sozialen Bindungen in der Pubertät nicht neu gewürfelt werden müssen. Dann ist es egal, ob die Nachbarin oder Freundin einen Einserkandidaten als Sohn hat. Oder wenn Sie dankbar und glücklich mit Ihrem gebrauchten, günstig ersteigerten PKW sind, ist es egal, wenn der Nachbar samstags den neuen Porsche poliert. Es ist Ihre eigene Dankbarkeit, die in Ihrem Inneren Zufriedenheit mit dem, was ist, herstellt. Dankbarkeit ist weder neidisch noch vergleichend.

Dankbarkeit gegen Stillstand

Angenommen, Sie hatten eine wundervolle Beziehung. Sie waren verliebt in Ihren Partner/in und alles war gut. Dann hat er/sie Schluss gemacht und es gab noch ein paar kränkende Erlebnisse. Sie können jetzt frei wählen: Entweder Sie gehen in die Haltung „Kränkung". Vielleicht sind auch Anteile an Wut und Trauer und Zorn über den Verlust dabei, die das geöffnete Herz wieder verschließen. Mit dem Verschließen denken wir, wir könnten uns vor weiteren Erlebnissen dieser Art schützen. Vielleicht ist das so. Aber es würde das Leben grauer und farbloser machen und härter. Und es verhindert die schönen L-Wörter: Lebenslust, Liebe und Leichtigkeit.

Die andere Entscheidung wäre, das Herz offenzulassen, frei zu sein dahingehend, dass wir uns einen der schönsten Augenblicke verankern in unserem Herzen. Voller Dankbarkeit für diese Erfahrung, für die Lebensfreude, das Glücksgefühl und die Leichtigkeit, die wir in diesem Moment hatten. Ist das Gefühl verankert, erreichen wir in diesem Moment eine andere Dimension von „Frei-sein". Die Liebe weiter fließen zu lassen und doch die Realität zu akzeptieren, das ist das Ziel dieser Dankbarkeitsform.

Traumatisierende Erlebnisse lähmen uns oft. Eine sehr schwere Krankheit oder ein Verlust eines Partners kann uns aus der Bahn werfen. Neben der Hoffnungslosigkeit und dem Gefühl der Sinnlosigkeit ist für eine Zeit lang nicht mehr viel Platz für anderes. Nach einer Zeit der Trauer sollte dann wieder der Fokus auf ein normales Leben gerichtet werden. Wenn Ihnen das nicht gelingen sollte, dann scheuen Sie sich nicht, Hilfe aufzusuchen. Manchmal gibt es Lebenssituationen und persönliche Krisen, die schwer auszuhalten sind. Wir müssen nicht immer mit allem alleine zurechtkommen. Es gibt Therapeuten und Heilpraktiker für Psychotherapie, die Ihnen zuhören und Ihre Ängste und Nöte ernst nehmen, die Sie begleiten, um aus solch einem Tal herauszukommen.

Dankbarkeit und innerer Frieden

Inneren Frieden zu spüren, das bedeutet im Einklang zu sein, einverstanden zu sein, mit dem, was in meinem Umfeld geschieht. Dann treffen mich die Dinge, die im Außen passieren, relativ ruhig und gelassen. Es lohnt sich, dankbar dafür zu sein. Dankbarkeit und innerer Frieden sind ein Stück von „angekommen sein".

Die Frage ist jetzt: Muss ich dazu glücklich sein? Ich denke nicht. Glücklich sein kann ich auch in einem besonderen Moment der Freude. Ich treffe einen Menschen, den ich schon sehr lange nicht gesehen habe, den ich sehr mag und ich freue mich. Oder jemand bringt mir große Wertschätzung entgegen, und ich fühle mich in diesem Moment sehr glücklich. Dazu muss die Gesamtsituation nicht glücklich sein. Auch den inneren Frieden muss ich in diesem Moment nicht in mir tragen. Aber es ist schon ein Hauch dessen, was mich erwartet, wenn ich all diese Dinge erobert habe.

Übungen in Dankbarkeit

1. Übung

Schreiben Sie täglich fünf Dinge auf, für die Sie **dankbar** sein können. Es sind nicht immer nur die großen Dinge, sondern auch die kleinen: Ich bin dankbar dafür, dass ich mir heute wieder Zeit nehmen kann für mein Hobby. :-)

Ich bin dankbar für eine schöne Tasse warmen, duftenden Kaffee.

2. Übung

Fertigen Sie eine Liste der guten Gefühle an, die durch andere Menschen entstehen oder jemals entstanden sind. Vielleicht Komplimente, die Sie bekommen haben. Eine ähnliche Übung befindet sich im Kapitel „Wahrnehmung". Doch es gibt immer verschiedene Blickwinkel, aus denen wir unsere Lebenssituation beobachten können. Diese Übung fördert die Selbstliebe und die Dankbarkeit.

Versuchen Sie, Dankbarkeit zu empfinden. Sie können die Dankbarkeit auch den Personen zum Ausdruck bringen. Das erzeugt ein Gefühl von Energie und Wohlbefinden und stärkt darüber hinaus auch Ihre Lebenskraft.

Ihr positiver Glaubenssatz, Ihre Affirmation

Ich bin dankbar, alles ist gut in meiner Welt.

3. Übung

Vielen Menschen hilft die Dankbarkeitsstrategie. Möglicherweise erscheint Ihnen die Übung ähnlich wie die aus Schlüssel 9, Loslassen. Doch hier nehmen wir die Dankbarkeit in den Fokus.

Es kann aus der Starre heraus helfen, damit Sie Klarheit gewinnen für die Gesamtsituation und für den nächsten Schritt. Wenn Sie am Tisch sitzen und nur auf den Teller schauen, der vor Ihnen steht, werden Sie nur den Teller sehen. Wenn Sie den Blick heben, sehen Sie mehr. Alles, was sich noch auf dem Tisch befindet.

- Beginnen Sie, indem Sie sich klar machen, worum es geht. Ist es der Verlust eines Partner oder Jobs? Um was geht es genau?
- Versuchen Sie jetzt, Dankbarkeit zu empfinden für die Zeit, in der alles noch „in Ordnung" war. Dankbar zu sein für die schönen Augenblicke, die sie hatte. Es ist sicherlich nicht einfach, über den Schmerz hinaus in eine Erinnerung und ein Gefühl der Freude und der Dankbarkeit zu kommen.
- Das Gefühl zu empfinden: Es war wundervoll mit dir, danke für diese schöne Zeit!
- Suchen Sie sich den schönsten Augenblick mit diesem Menschen oder Job heraus und erleben Sie ihn in Gedanken noch einmal mit allen Sinnen.
- Wie sah es aus?
- Wonach roch es in diesem Moment?
- Gab es Geräusche oder Musik?
- Wie hat es sich genau angefühlt? Spüren Sie dies an bestimmten Stellen Ihres Körpers? Wenn ja, wo genau und wie? Ist es ein Kribbeln, was ist es?
- Welchen Geschmack hatte es?
- Erleben Sie es intensiv und bemerken Sie eine bestimmte Sache, die Sie zukünftig wieder daran erinnern lässt. Sie schaffen sich einen Anker damit. Vielleicht hatten Sie in der Situation ein rosa Shirt an? Oder für Sie stand ein ganz bestimmtes Gefühl im Vordergrund? Oder ein Geruch? Etwas, was sehr markant für Sie war, in dem Moment, in dem Sie es jetzt noch einmal in Erinnerung gerufen haben. Nutzen Sie dieses eine Merkmal als Anker, der Ihnen jederzeit wieder zur Verfügung stehen kann. Zum Beispiel wenn Sie an „rosa Shirt" denken, sind Sie in den positiven Gefühlen der Dankbarkeit für diese Zeit.

Die heilende Kraft der Mudras

Mudras sind Fingerübungen, die sie überall anwenden können. Sie kommen in Kontakt mit sich selbst und beeinflussen Ihre Stimmungslage positiv.

Sie können diese Fingerhaltungen aber auch in Ihre Meditation einbinden.

Mudra, um das Gefühl „glücklich sein" zu stärken: Machen Sie es sich bequem im Sitzen und schließen Sie die Augen.

Nehmen Sie Kontakt mit Ihrem Körper auf. Spüren Sie in sich hinein, indem Sie langsam ruhiger werden. Ihr Atem ist ruhig und gleichmäßig.

Legen Sie die Kuppen des kleinen Fingers und des Ringfingers an die Kuppe des Daumens. Mittelfinger und Zeigefinger bleiben gestreckt. Tun Sie dies mit beiden Händen.

Sie sind dabei ruhig und entspannt und bleiben so lange in dieser Haltung, wie Sie möchten. **Diese Haltung nennt sich Lebens-Mudra.**

Anschließend formen sie die Fingerkuppen von Ring- und Mittelfinger an die Daumenkuppe und strecken die beiden verbleibenden Finger (Zeigefinger und kleiner Finger sind gestreckt). **Dies ist das Energie-Mudra.**

Das dritte Mudra: Strecken Sie alle Finger der Hände und kommen mit dem Mittelfinger nach unten in Richtung Handfläche. Der Mittelfinger berührt den Daumenballen. Legen Sie den Daumen auf den Mittelfinger, während die anderen Finger gestreckt sind. **Dies ist das Himmels-Mudra,** das mit seiner feinstofflichen Kraft die Verbindung zwischen dem Universum und Ihnen als lebendiges Wesen stärkt.

Beenden Sie die Mudras, indem Sie wieder tief atmen und die Augen wieder öffnen.

Diese drei Mudras lenken das Empfinden auf die Lebendigkeit und die göttliche Gnade des Lebens. Sie können das Gefühl des Unglücklichseins auflösen.

Ihre positiven Glaubenssätze, Ihre Affirmationen

Ich bin gesund, zufrieden und glücklich.

Mein Leben wird von Tag zu Tag immer besser.

Ich liebe mich so, wie ich bin.

Nachwort

Vollkommenheit! Gibt es das?

Angekommen sein an den Zielen? Das vielleicht schon. Aber dann gibt es wieder neue Ziele und neue Aufgaben und Herausforderungen. Wir lernen nie aus. Wir können unsere Ziele erreichen, genießen wenn wir angekommen sind, und aus diesem Moment oder den Momenten der Vollkommenheit schöpfen wir Kraft und Energie für die nächsten Aufgaben.

Und dann beginnen wir neu. Aber nicht ganz neu, denn wir haben uns weiterentwickelt. Wir haben mehr Erfahrungen gewonnen, sind reifer geworden und haben mehr Wissen gesammelt. Folgende Liste können Sie sich ins Gedächtnis rufen:

- Jeden Tag, jede Minute können wir neu beginnen. Denn jeder neue Gedanke ergibt eine neue Ursache.
- Wenn wir den Fokus auf das Negative lenken, dann entwickeln wir eine Negativspirale. Wir kommen in einen Strudel der negativen Emotionen und Erlebnisse. Kopf hoch, umdenken, alles darf gut werden!
- Dieses Bewusstsein ist neu und es darf täglich erneuert werden.
- Seien Sie selbstbewusst und handeln Sie danach.
- Glauben Sie an sich.
- Selbstkritik bringt nichts. Sind Sie mit dem zufrieden, was Sie bisher alles erreicht haben.
- Begegnen Sie dem Leben mit Vertrauen.
- Schenken Sie sich selbst Liebe, auch allen Menschen, mit denen Sie zu tun haben. Das gibt Ihnen mehr Selbstvertrauen und Selbstwirksamkeit. Liebe zu schenken, vertreibt alle Dunkelheit und Angst in uns selbst.
- Sie sind einzigartig, deshalb brauchen Sie sich nicht mit anderen Menschen zu vergleichen. So wie Sie aussehen, wie Sie sich geben und mit Ihren Fehlern und Macken.
- Richten Sie Ihren Fokus auf das, was Sie können und was Ihnen Spaß macht. Nicht auf den Mangel und auf die Fehler.
- Stehen Sie zu Ihren Fehlern. Kein Mensch ist fehlerfrei.
- Sind Sie respektvoll im Umgang mit Ihrem Umfeld und fordern Sie dies auch von anderen ein.

- Sie dürfen um Unterstützung bitten. Wir leben alle miteinander. Wir sind nie alleine.
- Akzeptieren Sie die Realität, das macht vieles einfacher. Auch den ersten Schritt, etwas zu verändern.
- Werden Sie sich immer klarer darüber, was Sie wirklich wollen und was Ihnen guttut. Dann fällt es Ihnen leichter, zu sich selbst zu stehen.
- Lassen Sie Ihr inneres Licht leuchten. Das Leben darf Spaß machen.

Es sind bestimmt noch viele Punkte, die Sie selbst für sich als Schlüsselerlebnisse festgestellt haben. Sie dürfen die Liste ergänzen. Wenn Sie Vorschläge oder Inspirationen loswerden möchten, können Sie mir gerne schreiben.

Ich wünsche Ihnen viel neue Freude und eine gute Zeit.

Regina Moritzen

Platz für Ihre persönlichen Notizen

Quellenverzeichnis

Branden, Nathaniel. Die 6 Säulen des Selbstwertgefühls: Erfolgreich und zufrieden durch ein starkes Selbst. München: Piper Verlag Taschenbuch 2010

Davidson, Richard. „Meditation Gives Brain a Charge, Study Finds" in: Washington Post, 3. Januar 2005

Ferrucci, Piero. Werde was du bist, Selbstverwirklichung durch Psychosynthese. Reinbek: rororo 1996

Grabhorn, Lynn. Aufwachen – Dein Leben wartet. Göttingen: Arkana Verlag 2004

Hansen, Patty/Jack Canfield/Mark Victor Hansen. Hühnersuppe für die Seele. München: Goldmann 1997 (S. 165)

Hartmann, Thom. Nimm Dein Problem und geh los! Kirchzarten bei Freiburg: VAK Verlags GmbH 2006

Hay, Louise L. Wahre Kraft kommt von Innen. Berlin: Ullstein Verlag 2004 (S. 33)

Hay, Louise L.: Gesundheit für Körper und Seele, Ullstein Verlag 2006

Honervogt, Tanmaya. Reiki, das große Praxisbuch. Freiburg: Hans-Nietsch-Verlag 2009

Huber, M. Trauma und die Folgen. Wege der Traumabehandlung. Paderborn: Junfermann 2005

Johanson, Tom. Heilkraft, die von innen kommt. Hamburg: Bauer Verlag 1994

Kabat-Zinn, Jon. Gesund durch Meditation – Das große Buch der Selbstheilung mit MBSR. München: Knaur Verlag 2013

Kündig, Barbara. Yoga Nidra, Die Perle der Tiefenentspannung. Oberstdorf: Windpferd Verlag 2014

Levine, P. Trauma-Heilung. Das Erwachen des Tigers. Essen: Synthesia 1998

Lübeck, Walter. Das große Reiki-Heilbuch. Oberstdorf: Windpferd Verlag 2009

Lyubomirsky, Sonja. Glücklich sein. Frankfurt/M.: Campus Verlag 2008

Melchizedek, Drunvalo. Aus dem Herzen leben. Burgrain: Koha Verlag 2003

Reddemann, Luise. Eine Reise von 1.000 Meilen beginnt mit dem ersten Schritt. Freiburg: Herder Verlag 2007

Rossi, Ernest L./David Nimmons. 20 Minuten Pause. Wie Sie seelischen und körperlichen Zusammenbruch verhindern können. Paderborn: Junfermann 2007

Shapiro, Francine/Theo Kierdorf. EMDR – Grundlagen und Praxis: Handbuch zur Behandlung traumatisierter Menschen. Überarbeitete Auflage. Paderborn: Junfermann 2012

Seiwert, Lothar J. Wenn Du es eilig hast, gehe langsam. Frankfurt/M.: Campus Verlag 2012 (Till Eulenspiegel)

Seligman, Martin. Der Glücksfaktor. Bergisch Gladbach: Bastei-Lübbe 10. Auflage 2014

Tepperwein, Kurt. Die geistigen Gesetze. München: Goldmann Verlag 2002

Tepperwein, Kurt. Der große Tepperwein. Perlen der Weisheit. Göttingen: Arkana Goldmann 2009

Tich Nhat Hanh. Unsere Verabredung mit dem Leben. 1. Auflage. Berlin: Theseus 2004

Tolle, E. Jetzt! Die Kraft der Gegenwart. Bielefeld: Kamphausen Verlag 2000

Wellensiek, Sylvia Kéré. Fels in der Brandung statt Hamster im Rad. Weinheim: Beltz Verlag 2012